新型农村干部暨大学生村官培训丛书

都市型现代农业概要

王有年　何忠伟　主编

金盾出版社

内 容 提 要

本书是《新型农村干部暨大学生村官培训丛书》的一个分册。由北京农学院专家组织编写。本书对都市型现代农业概述，都市型现代农业内涵及模式，各地区都市型现代农业发展模式，都市型现代农业支撑体系和评价体系，都市型现代农业发展规划，都市型现代农业的可持续发展等方面，做出较翔实的介绍，配以实例，对深入了解其发展和意义具有裨益。适合于村级领导干部和大学生村官阅读参考，也可作为培训教材。

图书在版编目(CIP)数据

都市型现代农业概要/王有年，何忠伟主编. —北京：金盾出版社，2010.1

(新型农村干部暨大学生村官培训丛书)

ISBN 978-7-5082-5915-4

Ⅰ.都… Ⅱ.①王…②何… Ⅲ.郊区—农业经济—概论 Ⅳ.F30

中国版本图书馆 CIP 数据核字(2009)第 123193 号

金盾出版社出版、总发行

北京太平路 5 号(地铁万寿路站往南)

邮政编码：100036 电话：68214039 83219215

传真：68276683 网址：www.jdcbs.cn

封面印刷：北京百花彩色印刷有限公司

正文印刷：北京四环科技印刷厂

装订：第七装订厂

开本：850×1168 1/32 印张：7.125 字数：167 千字

2010 年 1 月第 1 版第 1 次印刷

印数：1～8 000 册 定价：12.00 元

新型农村干部暨大学生村官培训丛书编委会

序

党的十六届五中全会提出，推进社会主义新农村建设是现代化进程中的重大历史任务，是党领导亿万农民共同进行的一项伟大事业，是经济社会发展进入新阶段的客观要求，是全面建设小康社会、构建社会主义和谐社会的迫切需求，是巩固党的执政基础的重要举措。全面建设小康社会、推进现代化建设最艰巨、最繁重的任务在农村，落实科学发展观、构建和谐社会的重点和难点也在农村。农村干部是贯彻落实党在农村各项方针政策的组织者和领导者，担负着领导、管理、组织农村经济社会发展的重任，是推进农村改革发展的骨干力量。建设一支守信念、讲奉献、有本领、重品行的农村基层干部队伍，对做好农村工作至关重要。加强农村干部作风建设，关系到党的路线方针政策在农村的贯彻执行，关系到党和政府的形象，关系到农村的社会稳定。处于最基层的村干部群体，"官"虽不大，却掌管着农村政务及村民生活的大事小情。中国有 8 亿农民，分布在 60 多万个行政村中，约有 500 万村干部在管理这些村庄。建设社会主义新农村，他们的作用举足轻重。由此可见，不断提高他们的素质的重要性和紧迫性。

为了加强农村基层建设，不断提高农村的管理水平，党和政府做出了为广大农村配备大学生村官的重大决策。2008 年，中央组织部等有关部门决定，用 5 年时间选聘 10 万名高校毕业生到农村任职。中共中央政治局委员、中央书记处书记、中组部部长李源潮同志指出，要切实做好选聘高校毕业生到村任职工作，这既是为社会主义新农村建设培养骨干力量，更是新时期培养新一代德才兼备干部的重要途径，也是党和政府在十七大后所做出的最具战略意义的重大决策。实践证明，实施大学生"村官"工作计划对打破农村人才匮乏局面，改善农村干部队伍的人才结构，提高农村干部的整体素质，促进科技成果转化和推广，促进农村公共管理水平提高和城乡人才双向流动，拓宽培养选拔干部途径，推进新农村与和谐社会建设具有重要意义和积极作用。大学生村官在发展农业、致富农民、建设新农村的过程中，不负重托、不辱使命、不畏艰难，扎根基层，扎实工作，历练人生，施展才华，以实际行动赢得了广大干部群众的欢迎和赞誉，用自己的智慧和汗水谱写无愧于时代的青春壮丽篇章。但是我们也应该看到，这些大学生刚从精美的“象牙塔”中走出，如何使他们尽快适应农村的生活、做好农村工作，尚需进行深入细微的引导、教育和培养。

多年来，以北京农学院院长、北京新农村建设研究基地主任王有年教授为代表的一大批长期致力于“三农”问题研究的专家、学者，开展了形式多样的科教兴村富民活动，他们在组织编写出版“城郊新农村建设丛书”(14 本)，“大学生村官培训教程”的基础上，为不断提高农村基层干部和大学生村官的素质，再次与金盾出版社联袂推出“新型农村干部暨大学生村官培训丛书”。这套“丛书”的出版，有助于加强对基层农村干部和大学生村官的岗位培训，提高他们的综合素质，实现带领广大农村群众奔小康、构建社会主义和谐新农村的历史使命。

编委会人员为出好这套“丛书”进行了多方调研和精心策划，从现阶段农村干部和大学生村官培训的实际出发，将培训的热点和重点归纳为 15 个选题，组织了数十位富有农村工作及农业科技实践经验的专家、学者精心编写。因此，“丛书”具有很强的针对性、实用性和可读性。我相信，这套“丛书”既可作为农村基层干部和大学生村官岗位培训指导用书，也是实施“科普惠农兴村计划”的有益读本。

舒惠国

2009 年 11 月 18 日

注：舒惠国同志为全国人大农业与农村委员会副主任、中国农学会副会长

目　录

第一章　都市型现代农业概述

第一节　都市型现代农业的概念与形成背景

一、都市型现代农业的概念

都市型现代农业(Agriculture in city countryside)这一名词的英文原意为“都市圈中的农地作业”。在经济发达国家的一些大城市里,保留一些可以耕作的土地,由城里人耕种,这就是“圈中”所确定的特定区域概念。但随着城市社会生活的变革,都市型现代农业的内涵不断拓展,都市型现代农业的概念也不断发展。

所谓都市型现代农业,是指都市经济发展到较高水平后,随着农村与城市、农业与非农产业相互融合,为适应城乡互动发展的需要,而在整个都市区域范围内形成的以农业和农村产业为基础,以城市资本、信息、人才、科技和市场等优势为依托的紧密关联的、具备生产和服务功能的、现代化水平较高的和可持续发展的农业生产及运行体系,实现产业、产品和功能的转变,形成城乡一体统筹发展的局面。

从世界上看,都市型现代农业是现代农业发展到一定历史阶段的必然产物,欧、美、日等发达国家和地区于20世纪上半叶率先开展相关研究。早在1919年德国创造了“市民农园”的发展模式。20世纪30年代,日本学者已经提出“都市型现代农业”的概念。都市型现代农业作为一种世界性的农业现象出现在第二次世界大战后。50年代,美国的农业经济学家提出了在都市周边地区和都市楔形农业上发展园艺、绿地、果树业的设想,并提出了“都市型现代农业区域”的概念。60年代，一些农业经济学家又提出了“都市型现代农业区域”的概念。1977年，美国农业经济学家艾伦·尼斯在其撰写的《日本农业模式》一文中，比较完整地提出了“都市型现代农业”的概念。以后，许多国家的农业经济学家从不同侧面对都市型现代农业做了研究，使都市型现代农业的概念和内涵不断充实和完善。

在我国，关于都市型现代农业的提法来自于日本，而都市型现代农业的实践则始于20世纪90年代初期，其发展起源于城郊农业。城郊农业是80年代初提出的概念，其地域空间主要划定在城市郊区，主要功能定位是供应城市居民鲜活副食品和部分粮食，起到稳定物价、稳定居民生活和稳定社会等作用，随着现代城市功能的日益多元化和现代农业功能的日益扩展，城郊农业的概念及其功能作用就越来越呈现出局限性。一方面，城区向农村的辐射、渗透以及农村城市化发展，原来的城郊界限越来越模糊，城乡对立分割的状态已逐渐被城乡间的协调和融合所代替；另一方面，由于城市强大的辐射作用和现代农业物质条件的改善，使得城郊农村产业结构与经营方向日益优化，城郊农业的功能、形态诸方面发生了显著的变化，以满足市民精神需求的观光休闲农业以及以优化、美化环境为宗旨的城市绿化等新兴产业也得到长足发展；这样，都市型现代农业应运而生。

【案　例】

日本的都市型现代农业

日本的都市型现代农业主要集中在三大都市圈内，即东京圈、大阪圈和中京圈。其特点：一是呈点状和片状分布。由于日本人多地少，日本政府为保护耕地采取了一些较为有效的土地税制制度，所以在市区还保留了不少面积不大(5公顷以下)的点状分布和面积较大(5公顷以上)的片状分布的耕地;二是蔬果生产占主导地位的都市型现代农业生产结构。这是为市民提供优质农产品和绿化环境的需要;三是园艺生产设施先进。在财政重点扶持下,市园艺设施基本上实现了小型化、集约化和现代化,蔬菜从播种到成品包装基本上实现了机械化操作,其蔬菜与花卉生产的80%实现了现代化园艺栽培,商品率在90%以上;四是都市观光、休闲、体验农业是都市型现代农业重要组成部分。这是为改善生态环境和休闲需要,如日本大阪府的都市型现代农业有70多个观光农园,其中柑橘类10个、葡萄类17个、垂钓类17个和草莓类6个。另外,还有市民农园、科学教育园地、文化资源利用型的文化馆、文化传习所、民间艺术展览厅,供游客住宿、休闲体验的农业资源利用型的"故乡之家"、"农家别墅"等。

日本都市型现代农业的发展趋势:一是生产逐渐规模化。1995年日本加入世界贸易组织(WTO)后,小规模的农业生产成本比美国大规模的农业生产成本高出几倍甚至几十倍,因此日本政府采取相应激励措施(给予贷款及贴息),扩大农业生产规模;二是农业结构逐步调整。逐渐淘汰效益低、成本高的农产品,绿色、保健食品大量生产;三是生产手段向全自动化、设施化、智能化发展,尤其是蔬菜、水果特别明显,因此一年四季都可生产各种洁净、时令鲜果菜;四是农产品批发市场逐渐完善;五是生产经营管理向网络化发展。如用电脑开展全国范围内时鲜蔬菜配送,建立农产品价格、品种、经营计划等的网站与数据库等。

日本都市型现代农业发展的经验:一是各级政府给予保护政策。据1996年日本全国农业委员会都市型现代农业对策协议会的统计,日本全国都、道、府、县和市、町、村各地制订的振兴都市型现代农业的举措(如低息融资、资助等)不少于250项。二是模式多样化。有生态观光休闲农业等。三是政府关注农业劳动力素质的提高。政府除加强正规学校培养农业劳动者外,对初次从事都市型现代农业的人们提供无息贷款、资助学习相关农业技术和经营方法。

二、都市型现代农业产生的背景

都市型现代农业在不同的国家，其形成的历史时期是不同的。但从其产生的背景来看，都是在工业化和城市化高度发展过程中提出来的。都市型现代农业反映了工业化和城市化高度发展后人类对现代农业的一种探索，同时也表明现代农业已成为现代都市文明的内在需求，都市型现代农业的兴起是现代社会经济发展的必然趋势。

（一）农村城市化进程的加快是都市型现代农业形成的直接原因

第二次世界大战之后的半个世纪是人类历史上农村城市化进程最迅猛的时期。在这几十年世界快速发展城市化的进程中，由于城市工业迅速发展，大批工厂企业在城郊兴建，使城郊成为城市工业扩散地。这样，大城市不断扩张，对邻近农村进一步渗透。如巴黎、东京等大城市，为适应城市工商产业的进一步发展，将许多占地面积大、原材料消耗多、对环境污染的工厂迁至城郊。不少国家的许多大城市为解决城市人口急剧增加的矛盾，还采取中心城市居民迁居城郊的措施。20 世纪 70 年代后西方出现了反城市潮流，城市市民纷纷迁居到城市近郊的农村。同时，由于农业生产力的空前发展，产业结构不断调整和优化，农村与城市在生态、经济、社区等方面产生融合现象，广大农村向城市转化，并呈快速趋势。据统计，目前全世界 43％的人口，发达国家 80％～90％的人口均居住在城市及城市化周边地区。在这种情况下，出现了所谓的“城市郊区化”和“郊区城市化”现象，都市的城乡界限逐步消失。因此，都市型现代农业是伴随着现代化大都市的发展而出现并发展起来的，都市型现代农业产生于农村城市化。

(二)都市型现代农业的兴起是社会经济发展的必然趋势

从发达国家和地区来看,工业的发展和城市的扩张,曾经使大量农田变为非农用地,城市污水污染农田,加之农民也期望耕地转为非农用地以迅速致富,因此在相当长的一段时期内,农业在大城市中被吞没。其结果,带来建筑过密,交通运输集中,城市空地和绿地减少,环境质量趋于恶化,影响了居民的生活质量。同时,城市大量使用钢筋水泥,使城市中的树木植被大量减少,造成了城市生态系统严重失调;净化环境功能日益降低。于是人们又想到了农村和农业,对现代都市环境文明的向往,促使人们把目光转向城市郊区,这便形成了对农业观光旅游的需求。同时,要改善城市环境,还必须扩大绿地,而绿地又不单单是增加市内的公园绿地,还包括大城市区域范围内的农田以及城市周边的绿化。因此,不少学者就提出了城市必须要有相应的农业,无农的城市是不完整的城市。

(三)大城市优势是都市型现代农业发展的重要条件

一方面,都市型现代农业可以充分利用城市现代工业技术物质装备以及与城市几乎相同的基础设施、社会化服务条件,从而加速农业转向资本、科技密集和土地节约型发展;另一方面,由于毗邻城市或者缩短了与中心城区间的距离,城市强大的工业技术物质装备和科学技术也十分容易向农业渗透。因此,都市型现代农业拥有其他地区无法相比的优越条件,更早实现集约化、设施化、工厂化和规模化。

同时,都市型现代农业具有的高科技、高投入和科学化管理等性质,对人力资本也有很高的要求。在经济发展不平衡的状况下,农业生产领域的人力资本首先在城市及城市化地区聚集,再加上这些地区所具有的其他优势,都市型现代农业便率先在大城市及城市化地区兴起和发展。

此外,城市和城市化地区所产生的要素市场和产品市场条件,是都市型现代农业发展的优势，而整个农村基础设施的改善是都市型现代农业稳定扩展的长期基础。低成本运行的要素市场和产品市场也是农业产业发展的基本条件。

(四)都市型现代农业是人类社会文明进步的标志之一

都市型现代农业产生于农村城市化。原来生活在农村的农民可以过上城市人同样的现代文明生活，城乡居民可以和谐地生活在大自然之中。都市型现代农业既是现代化农村的一部分，又是国际大都市的一个有机组成部分。

同时，社会发展史表明，城乡、工农融合渗透是一个由浅层次向深层次逐渐演化的过程。第一阶段是通过机械力代替人力，改变农业局部环境；第二阶段的主要特征是农业设施化，即通过现代化设施改变农业生态环境；第三阶段则是通过现代生物技术互动、植物生命过程的完全控制。应该说，城乡和工农差别的消失是人类世代的理想。都市型现代农业的出现，说明实现这种理想的条件正在成熟。从一定程度上来看，都市型现代农业的发展是人类社会文明进步的标志之一。

综上所述，都市型现代农业形成与兴起是现代都市社会经济发展的必然趋势，都市型现代农业的发展推动了人与自然和谐、都市与农村和谐的历史进程。都市型现代农业强调农业生产与人、都市和自然诸方面的和谐，其实质是生产力发展到较高水平时，城乡之间差别逐步消失，农业同工业进一步结合过程中的一种发达形态的农业。

【小知识】

都市型现代农业的起源

都市型现代农业现象最早出现于欧、美、日等发达国家和地区的城市周边及其间隙地带，其研究也是这些国家和地区最早展开的。德国早在 1919 年创造了“市民农园”的发展模式，日本在 1930 年出版的《大阪府农会报》中，最早提出了“都市型现代农业”这一概念。1977 年，美国农业经济学家艾伦尼斯发表了《日本农业模式》一文，正式提出“城市农业”(Urban Agriculture)的概念。对于都市型现代农业的概念，不同国家的学者有着不同的观点与看法：有的侧重于对农地分布模式的描述，认为都市型现代农业是“镶嵌插花在城市中的小块农田”；有的侧重于外部环境的影响，认为城市的类型就决定了农业的类型；有的侧重于事物之间的联系，认为经济关系密切的都市圈内的农业就是都市型现代农业；有的侧重于某些新兴的生产项目，如“观赏农业、休闲农业”等。尽管对都市型现代农业的定义不同，但大多数学者都认为都市型现代农业是都市经济发展到较高水平时，随着农村与城市、农业与非农产业等进一步融合，为适应都市城乡一体化建设需要，在都市区域范围内形成的具有紧密依托并服务于都市的、生产力水平较高的现代农业生产体系，都市型现代农业具有复杂性、系统性和动态性的特点。

第二节　都市型现代农业的基本特点

虽然都市型现代农业与乡村农业一样都是从事种植业和养殖业，生产对象都是有生命活力的生物有机体，生产过程都是经济再生产与自然再生产的相互交织，二者具有一些共同的属性；但是，都市型现代农业是依托大城市发展起来的，拥有先进的科学技术和现代化设施并具有先进的管理科学技术，从它的区位优势、消费主体、市场优势、人才优势、经营方式以及农业与城市的关系等方面看，都市型现代农业与一般乡村农业又有诸多的不同，从而显现出自身的特点。

一、都市型现代农业的多功能性特点

都市型现代农业分布在城市化地区以及周边延伸地区,而非一般的农业地区,它是一种区域农业。都市型现代农业的生产、流通和经营,农业形态和空间布局,都必须服从于大城市的需要,为市民的生产、生活提供服务,在服务中获得经济效益。同时,由于城市及居民的需要是多方面的,这就决定了都市型现代农业的形态、生产经营形式与功能的多样化性。都市型现代农业不仅要充分利用大都市提供的科技成果及现代化设施进行生产,为国外市场提供名、特、优、新农副产品,而且要具有为城市居民提供优美生态环境,绿化美化市容市貌,提供旅游观光场所,进行文化传统教育等诸多方面的功能。如日本许多大都市在城市扩展过程中,把原有的城市尽量改造为"田园城市",并把农业作为优美的环境予以保留下来,真正发挥农业的综合功能。总之,都市型现代农业不仅具有高质量的生产功能,更强调资源低耗与高效利用、环境洁净、景观优美等生态功能,生活、就业、安全、福利等社会功能,以及教育、培训、示范、带动等服务功能。

【小知识】

农业的多功能性和多功能性的农业

20世纪80年代末至90年代初,农业的多功能性最先出现在日本的"稻米文化"中。随后,这一概念又相继出现在《21世纪议程》、《罗马宣言和行动计划》等联合国文献中。农业的多功能性(Multifunctionality),一般是指农业部门除了生产粮食等农产品以外,还为实现其他目标做出努力,体现农业的多种社会功能。多功能性体现了农业与其他产业的不同,即农业是一个特殊的、需要保护和发展的产业,它除了确保粮食和其他农产品的供给之外,还发挥着防止洪涝灾害、涵养水源、防止土壤侵蚀和水土流失、处理有机废弃物、净化空气、提供绿色景观和自然景观，以及传统文化的继承等多方面的作用。

大量实践表明，农业多功能性的发展不但可以缓解当前农业和农村经济发展中的环境问题，而且也可以带来可观的经济效益。因此，农业的多功能性既是农业历史进步的结果，也是当代农业进一步发展的必然方向。目前，欧盟、日本和韩国等，已经接受并在逐步实现农业的多功能性。

基于利用农业的多功能性的多功能农业，一般是指农业在向人类提供日益增多、品质更优的特定产品的同时，还应该承担其他日趋重要并不断扩大的社会、经济与生态等方面的功能，具体包括环境保护、国土整治、水资源管理、生态平衡和维系自然资源的永续利用、扩大就业、推动和促进整个国民经济的可持续发展等。与传统农产品生产意义上的生产性农业相比，多功能性农业从内涵到结构都已发生重大而突出的变化。从国外的实践看，多功能性的农业作为一个全新的理念和一个崭新的农业发展模式，具有以下几方面的突出特征：

1. 农业的增产方式发生明显变革。即现代集约化经营取代了传统增产方式，集约化经营是20世纪世界各国农业发展最为重要的一项内容，就是用机械化代替人力和畜力，以化肥、农药等化学物资的普及应用和大量投入作为农产品产量增加的基本手段，这就造成了严重的环境污染与生态破坏。而新兴的多功能农业的集约化经营，从内涵到措施都发生了重大改变，各种生物技术的应用与推广取代了化肥、农药的大量使用，缓解了农业发展的环境压力。

2. 农业的内涵与外延出现明显变化。在内涵方面，农业生产中用于满足人们基本生活需要的各种农产品的比重在不断减少，而用于人们现代消费、工业原料或出口创汇的各种农产品生产，以及用于恢复和维系自然生态平衡、保护自然环境的农业活动的比重则明显上升。在外延方面，不仅农资供应、农产品收购、加工、贮藏、农技推广、人员培训、信息咨询等为农业生产提供直接服务的各种经济活动迅速发展，所占比重不断提高，而且休闲农业、观光农业、旅游农业等可满足居民消费需求的新型产业也迅速崛起。

3. 与其他产品部门的融合空前紧密。推动和促进与农业关联产业部门的更快发展，既是发展多功能性农业的出发点和重要目的，也是多功能农业发展自然延伸的必然结果。随着多功能农业的发展，农业与其他产业部门紧密结合、互进互动的一体化生产体系迅速形成。

4. 作为社会公共部门的属性日益明显。多功能性农业的受益者首先是整个社会，其次才是农业的经营者。这就意味着农业问题不再仅仅属于微观经济范畴，而首先是一个宏观经济问题。随着其产业经济部门的属性不断弱化，农业正日益成为一个社会公共部门。从这个意义上讲，农业是一项公益产业，存在着很强的外部性，农业的贡献绝不仅仅是国民生产总值（GDP）的问题，因此它需要全民的关注，需要各方力量的扶持。

（资料来源：河南省社会科学院，《文汇报》）

二、都市型现代农业的集约性特点

都市型现代农业特别是城市近郊的都市型现代农业，集城乡优势、工农优势于一体，与传统乡村农业相比，有利于获得各种信息、良种和贮藏、运输设备，促进技术普及和更新，而从事都市型现代农业的劳动者，相对而言具有较高的文化科技素质和经营管理水平，能提高农业劳动生产率和土地、设备利用率。都市型现代农业大多由于地处城郊，交通便利，经济活跃，资金充裕，有利于集中人力、物力、财力进行农业基础设施建设和农业综合治理。因此，都市型现代农业能较快地实现规范化生产和集约化经营。并且，由于都市型现代农业位于城市与乡村的结合部，能接纳来自城乡的双向辐射，特别是可获得城市工业的支持与反哺，有利于提高农业生产的科技水平、设施水平与经营管理水平，有利于提高农业生产率、资源利用率、投资收益率和土地产出率，有利于提高经济效益和社会效益。

三、都市型现代农业的融合性特点

都市型现代农业的融合性体现在：一方面，一产向二、三产业延伸渗透，农业、旅游两业交叉融合；另一方面，各种现代农业科学技术和先进设施以及先进农艺相互交接融合，且逐渐走向和谐统一。一般来说，为充分利用交通、信息、能源等资源，工商业都聚集在大城市，而农业则分散在广阔的农村。自古以来，城乡分界可谓泾渭分明。随着世界大城市化进程的加快，这一传统观念发生了动摇。一是随着城市的扩展，在原先城市的同一新城区保留着不少农田。如日本大城市内的“插花型”农业。二是随着大城市群的出现，相互紧密联系的城市纵横交错，因而形成了城市渗透农村、农村渗透城市，城市和农村浑然一体，产生了许多农村中的“城镇”和“工厂”，以及都市里的“村庄”和“田野”，传统的城乡布局被打破，城乡界限日益模糊。都市型现代农业已成为大城市的一个有机组成部分。城市需要决定了农业发展，农业发展又促进了城市建设，二者相互依存，相互促进。另外，城乡统筹、协调发展的特点体现在：一方面，都市型现代农业以开发农业的多功能为核心，以“工业反哺农业、城市支持农村”为手段促进了城市与农村的协调发展，缩小了城乡之间的差距；另一方面，强调整体效应，不再就农业论农业，而是与都市的形成、发展、建设同步，在经济、生态、社会等诸方面全方位实现城乡一体化。

四、都市型现代农业的互动性特点

都市型现代农业的发展过程，是一个工农互动、城乡互动的发展过程。一方面都市型现代农业以城市工业、信息服务业等为依托，以城市技术和人才为支撑。城市工商业资本和科技成果，对都市型现代农业不断注入，使其资本密集度、技术含量和规模经济水平不断提高；另一方面，城市需要都市型现代农业为其提供服务。都市型现代农业不仅为城市提供丰富的、多样化的、高质量的鲜绿食品，刺激了城市对农产品的需求，而且，它为城市提供充足的工业原料、廉价的劳动力，连接广阔的市场，对城市工业发展起到基础和支撑的作用。此外，都市型现代农业由于区位优越，在资金、设备、技术、信息等方面占有优势，集约化程度高，它对远离城市的一般乡村农业具有引领作用。因此，在某种程度上可以说，发展都市型现代农业有助于促进工农携手和城乡互动、协调发展、共同繁荣。

五、都市型现代农业的服务性（或叫“适城性”）特点

从地理空间上讲，都市型现代农业处于内靠城区、外连农区的连接地带，是城乡边界模糊的“灰色区域”。所以，都市型现代农业是城市经济的扩展与延伸，是城市色彩很浓的农业。本着“服务城市、富裕农民”的宗旨，都市型现代农业适时为城市提供大量“鲜”、“活”、“嫩”的蔬菜和禽、畜、鱼等农产品，满足城市人民的日常生活需要。例如，从湖南省怀化市的情况看，以“一线一圈”为主要载体的都市型现代农业较好地体现了服务城市的特点。当地政府引导和鼓励农民在这个区域发展生态农业，目前形成了一定的产业规模。它变“灰色区域”为“绿色区域”，不仅丰富了城市绿色食品，改善了城市环境，而且由于特殊的交通位置，对农村生态农业的发展

起到了示范作用。

六、都市型现代农业的开放性特点

都市型现代农业不仅上下贯通，能够较好地进行纵向联系，而且内外连接，能够进行广泛的横向联系。因此，在生产和流通领域具有较大的开放性。尤其是都市型现代农业的经济结构、经营机制，通过调整和转换，已由封闭的自给半自给的自然经济走向地尽其力、货畅其流的商品经济，有利于变资源优势为经济优势。同时，有利于筑巢引凤，招商引资，利用国内外先进技术设备和资金，向农业的广度和深度发展。

七、都市型现代农业的知识化特点

都市型现代农业是知识化的农业，知识化是都市型现代农业在知识经济条件下所表现出来的显著特点。

第一，都市型现代农业主要依靠尖端的科技知识，先进的管理知识，快捷的信息知识。

第二，农业科技人员是都市型现代农业最活跃的因素，推广农业科技，促使农民提高科技意识和科技知识。

第三，都市型现代农业的收益分配向知识贡献倾斜。因为都市型现代农业的开发、生产、销售都离不开知识型、智慧型人才。

第三节　都市型现代农业的发展趋势

世界都市型现代农业发展最初以“市民农园”为主，随着城市化和经济现代化的发展，兴起了观光休闲农业；以后随着城市现代化和国际化的发展，具有生态化和现代化特征的“都市型现代农业”获得较快发展。目前，世界都市型现代农业发展的新趋势体现在以下方面。

一、功能多元化

发展多功能农业是现代农业发展与进步的一个必然趋势。近年来都市型现代农业根据城市发展的要求，已经突破了生产保障型的城郊农业模式，并向着多功能的都市型现代农业模式发展。比如，生态农场、绿色食品基地、体验观光休闲农业园、文化教育农业园、加工创汇农业园等的发展，都体现出了都市型现代农业向多元化功能发展的趋势。

在我国现阶段，都市型现代农业的功能主要包括以下几个方面。

（一）经济功能

所谓经济功能，主要是指提供优质、卫生、无公害的鲜活产品以满足都市消费需求，具有较强的创汇增值能力，同时增加城市就业机会，优化产业结构，实现农业增产以提高农民收入。在相当长的一段时间里，经济功能是都市型现代农业的主体功能。经济功能主要表现如下。

1. 提供新鲜农产品功能　都市型现代农业利用现代工业、科技武装，大幅度地提高农业生产力水平，为都市市民提供鲜嫩、鲜活的蔬菜、畜禽、果品及水产品，并要求达到名特优、无污染、无公害、营养价值高。在这其中，为大都市提供国内地区和国外进口难以替代的绿叶菜等鲜、活、嫩农副产品尤为重要 。

2. 出口创汇功能　都市型现代农业依托大城市对外开放和良好的口岸等自然优越条件，冲破地域，实行与国际大市场相接轨的大流通、大贸易经济格局，加快农副产品国内、国际的流转创汇增值，提高农业附加值。如荷兰等国家的大城市积极发展蔬菜、花卉温室，积极发展鲜花出口，取得了良好的经济效益。通过提供新鲜、卫生、安全的蔬菜、花卉、果品，实现农副产品出口创汇，提高农产品的经济效益，实现农业增产增值，优化产业结构，增加就业机会，提高农民收入，使都市型现代农业通过适应现代消费来创造大城市经济的新的增长点。

(二)社会功能

所谓社会功能，主要是指为都市居民提供接触自然、体验农业以及观光、休闲的场所与机会，并有利于增强现代农业的文化内涵与教育功能及示范辐射作用。社会功能主要表现在以下几方面。

1. 稳定社会功能 都市型现代农业起着社会劳动力蓄水池和稳定减震器的作用，对社会的稳定发展，对城乡居民就业和全面发展都有着重要作用。

2. 旅游休闲功能 农业观光、旅游休闲是都市型现代农业的重要组成部分。都市型现代农业可为市民提供休闲场所，从事观光、休闲、娱乐活动。同时，为人们提供休闲活动空间，以减轻工作及生活上的压力，达到舒畅身心、强健体魄的目的。

3. 教育文化功能 都市型现代农业可以促进城乡文化交流，并直接对都市市民及青少年进行农技、农知、农情、农俗、农事教育，因而具有较强的教育功能。同时，农村特有的传统文化，可因都市型现代农业的发展而得以继续延续和发展。

4. 示范辐射功能 大都市型现代农业是一种特殊形态的现代农业，又处在科技、物资、人才密集，国际国内交往频繁的辐射功能强的大都市，因而必然具有显著的示范、展示、辐射、带动作用。

(三)生态功能

所谓生态功能，主要是指发挥洁、净、美、绿的特色，营造优美宜人的生态景观，改善自然环境，维护生态平衡，提高生活环境质量，充当都市的绿化隔离带，防治城市环境污染以保持清新、宁静的生活环境，并有利于防止城市过度扩张。生态功能主要表现在以下几个方面。

1. 净化环境功能 都市型现代农业是通过在都市开辟城市森林，创立公用绿地，建设环城绿带，开设观光景点，建立起人与自然、都市与农业高度统一和谐的生态环境，净化水质、土质和空气，为城市人创造一个优美的生存环境，提高市民生活质量。

2. 增加绿地功能 都市型现代农业通过发展景观绿地，增加绿色植被以及创立市民农园、农业公司，减少（减轻）“水泥的丛林”和“柏油的沙漠”对都市人带来的烦躁与不安，真正起到“城市之肺”的作用，为市民制造氧气，还可以成为城市的“空调”，为城市降温净气。

3. 防御灾害功能 都市型现代农业在城市中预留的农田在灾害发生时可起到适当疏散空间、减少（减轻）灾害的作用。如日本的都市型现代农业在 1995 年的阪神大地震中就发挥了显著的减灾减害作用。

二、高度智能化

高度智能化具体是指利用农业专家系统来指导农业生产的一种知识型农业形态。它拥有一批高层次、具有多方面知识的农业专家，并利用现代农业科学技术和信息手段，对农业生产、科技、经济信息等进行加工处理，提出解决农业生产问题的最佳方案，还可以帮助农业生产者和经营者进行决策，是一种科技含量极高的都市型现代农业发展类型。

三、农业信息化

农业信息化是将都市型现代农业推向市场的重要手段。都市型现代农业要广泛地利用农业科技信息、商贸信息、市场销售信息、农资市场信息、农产品价格信息、气象预报信息等信息源，通过计算机处理和农业咨询业，为都市型现代农业生产提供服务。

四、经营国际化

随着经济全球化发展和国际化大都市的建设，都市型现代农业将纳入国际经济轨道。为此，都市型现代农业充分利用对外开放的优势，建立以农副产品出口创汇为中心的、较高层次的农业生产体系，从而提高都市型现代农业的外向化程度。

由于发达国家和地区的生产成本高，一些发达国家寻求与生产成本低的发展中国家合作经营，因此外向型、创汇型的“空运农业”十分发达。以花卉产业为例，世界花卉的生产和消费主要在欧共体、美国、日本三大发达地区和国家，其进口的花卉总量占世界花卉贸易额的 99%，其中欧共体占 80%，美国占 13%，日本占 6%。世界花卉产业的发展经历了以下 3 个阶段。

一是在 20 世纪 90 年代以前，世界花卉及高科技农业的生产地和消费地是重合的，主要集中在欧美和日本等经济发达地区；

二是 20 世纪 90 年代之后，都市型现代农业的生产与消费开始分离；

三是如今花卉生产已经向气候条件优越、土地和劳动力等生产成本低的国家和地区转移。例如，哥伦比亚、津巴布韦、肯尼亚以及东南亚国家和地区，纷纷加入花卉产业的行列，与发达国家的农业企业合作建立高科技农业园，许多国家还在农业生产基地兴建农用机场，农产品一出基地，就上飞机运到世界各地，形成“空运农业”。

五、地域特色化

当前，国外都市型农业现代化发展地域化特色较明显的国家有荷兰、美国和日本。

荷兰凭借其悠久的花卉发展历史，在花卉种苗、球根、鲜切花、自动化生产方面占有绝对优势，尤其是以郁金香为代表的球根花卉已经成为荷兰都市型现代农业的象征。

美国由于国内市场需求增大，以及地域辽阔，在花草和花坛植物育种及生产方面走在世界前列；同时，在盆花、观叶植物方面也处于领先地位。

日本凭借“精细农业”的基础，在育种和栽培上占绝对优势，对花卉的生产、贮运、销售，能做到标准化管理。

【案　例】

杭州西湖区都市型现代农业发展呈现六大趋势

2008年以来，杭州西湖区认真贯彻《关于统筹城乡发展促进农民增收的若干意见》，以统筹城乡经济社会发展为主题，以千方百计增加农民收入为中心，大力发展农业产业化经营，积极推进都市型现代农业向纵深发展，都市型现代农业发展呈现六大趋势。

1. 农业企业逐步向加工型、流通型、带动型方向发展。全区现有的67家农业企业，其中加工型、流通型、休闲体验型企业占到33%。8家农业龙头企业以“公司＋农户＋基地”的模式，连接农户4 000余户、建立农产品基地19个，有效地带动了当地产业的发展，促进了农户增收。龙坞茶叶总公司与全镇1 000多户（占总户数的66%）茶农签订购销订单，收购春茶3.1万公斤（6.2万斤），收购金额达440万元，解决了当地农户的卖茶难问题。转塘柏联综合养殖有限公司与当地400多户养殖户签订委托养殖合同，通过免费提供苗鸭、饲料铺底、保护价收购，为养殖户增收150万元。周浦乡6个村80余户农户通过与杭州千盛食品厂签订樱桃种植订单，面积发展到150余亩，实现每亩净收入5 000元。袁浦镇引进的杭州中得生态水产养殖公司带动当地养殖户发展甲鱼生产，对符合公司标准要求的甲鱼，由公司包销，并统一打“中得”品牌，对提高当地养殖甲鱼的知名度和市场拓展起到了积极作用。

2. 结构调整逐步向园区化、规模集约型方向发展。根据南、中、北三大农业区域布局规划，积极引导农业产业结构调整向园区化、规模集约型方向发展，基本形成了三墩(千亩)花木园、龙坞(千亩)茶园、袁浦(千亩)水产园、转塘(千亩)蔬菜园等四大千亩集中连片的都市型现代农业示范园区和三墩以花卉苗木为主，转塘以无公害蔬菜为主，袁浦以休闲渔业为主，周浦以甲鱼为主的区域专业特色。三墩(千亩)花木园区以"公司＋农户"的形式，带动当地农户发展花木生产，今年已新发展花木面积400多亩。

3.农产品逐步向标准化、品牌化方向发展。在蔬菜、水产、茶叶等领域，全面推广无公害标准化技术，使农产品的品质得到提升，优质农产品的价值也得到了体现，有的标准化推广项目还得到了省、市农业部门的肯定，如罗氏沼虾无公害标准化养殖示范推广项目已通过省级验收。

4.农业项目开发投入逐步向工商型、外向型方向发展。加大农业招商引资力度，多渠道引进资金投资开发农业，上半年已引进农业招商引资项目7个，到位资金2 801万元，完成全年任务的56%，在到位资金中80%以上来自于外来工商和民营资本；实现农产品外贸出口交货值721.7万元。

5.政策扶持逐步向重点型、公开性方向发展。有针对性地推出农产品基地建设、农产品深加工、农业休闲观光示范点建设、高新农业技术4个类别的7个农业重点科技推广项目进行公开招标。对中标单位实施的项目"集中财力"进行扶持，并对中标单位的项目实施情况将进行跟踪检查和年终验收，根据实际完成情况拨付扶持资金。

6.组织形式逐步向政府引导、龙头带动、专业合作组织发挥作用的多元结构方向发展。专业合作组织的作用逐步显现。如袁浦水产商会牵头开展了(千亩)无公害罗氏沼虾标准化养殖示范园区建设，并为养殖户做好统一种苗，统一品牌(袁浦牌)，统一病害防治，统一饲料标准的"四统一"服务。该区现已组建的8个中介组织，共联系农户 2 000 多户，连接基地 10 000 余亩，在种苗与农资供应、技术指导和产品营销等方面为当地种养大户提供一系列的服务，有效地提高了所联系农户生产经营的组织化程度。

（资料来源：富阳农网，2008 年 12 月）

第四节　都市型现代农业可持续发展的意义

一、都市型现代农业的可持续发展对于农民增收的意义

从国际、国内的实际情况看，都市型现代农业是在工业化和城市化高度发达的时代提出来的，是工业化、城市化高度发展时代人们对农业的一种新认识。从整个农业的发展历史来看，农业的演进过程，经历了原始农业、传统农业和现代农业 3 个发展阶段。而我国的都市型现代农业正是在实现农村城镇化、农业现代化过程中提出的。

都市型现代农业是位于城镇、城市或大都市边缘，对城市或城市周边的自然资源加以循环利用，同时充分利用城市内或城市周边的人力资源、产品和服务，为城市生产、加工或销售各种食物、非食物产品或服务的产业。我国都市型现代农业的时代特征就是现代农业，都市型现代农业可持续发展是以保护自然资源和生态环境，提高资源利用效率为基础；以良好的环境为保障；充裕的资源为支撑；以生产的持续性、经济的持续性和生态的持续性来凸显其积极性的。农村经济综合发展与生态平衡彼此协调，农业经济功能与农业的生态、文化、社会等功能的协调，是都市型现代农业可持续发展的基本内涵。可见，都市型现代农业的社会、环境功能与经济功能有着密切联系，但社会、环境功能有赖于都市型现代农业

经济功能的充分发挥。发展都市型现代农业是从发挥其经济功能开始的，尤其是要将农业生产主体的利益给予充分的考虑，因为农民收入不增加，就不可能注重农业社会与生态功能的开发，不会形成对发展都市型现代农业尤其是对都市型现代农业的社会与生态功能具有重要影响的行为过程。我们将都市型现代农业的可持续发展与农民增收系统用语言描述为：以可持续发展思想为指导，将都市型现代农业资源、农村社会、农业经济、农业技术在内的诸多子系统看成一个整体，以都市型现代农业资源为约束条件、以人为本的主体以实现都市型现代农业可持续发展和农民增收为目标的复合体系。

农民的生产积极性是农业持续发展最强大的动力。调动农民积极性，一个重要的条件是农民收入持续稳定增长。都市型现代农业的建设是一个资本积累的过程，而资本积累和投入的主体归根到底也是农民。农民收入不断增长，农业资金的积累和投入才有可靠的保证；反之，停滞或下降，不仅挫伤农民的积极性，而且也使积累与投入的资金失去来源。

都市型现代农业可持续发展与农民增收在追求经济持续性上是协同的，都市型现代农业的基本功能就是经济功能。都市型现代农业是农业产业活动的一种类型，只有具备生产性、经济性才能存在和发展。因此，都市型现代农业可持续发展的核心是农业和农村可持续性经济增长。由此可见，农业持续发展的主导就是要追求经济的持续性，这一目标与农民增收具有内在一致性，二者是统一的。

目前，我国都市型现代农业仍以小规模分散化的家庭经营为主体，家庭式循环都市型现代农业模式把生态学、生态经济学等基本原理应用在村镇庭院的种植、养殖、加工、住宅建筑、园林化等多种产业，有机结合成不同循环类型的都市型现代农业生态系统，因此倡导家庭式循环都市型现代农业，对提高家庭经济的运行效率不失为一种十分有效的办法。

根据农业生态产业链建立农业资源循环型企业，以产业经营带动企业经营。农业生态产业链是在生态种植业、生态林业、生态渔业、生态牧业及其延伸的生态型农产品生产加工业、农产品贸易与服务业、农产品消费领域之间，通过废物交换、循环利用、要素耦合和产业生态链等方式形成网状的相互依存、密切联系、协同作用的生态产业体系。各产业部门之间，在质上为相互依存、相互制约的关系，在量上是按一定比例组成的有机体，并在一定程度上形成网状结构。

生态农业园区是依据循环经济理论和农业生态学原理设计的一种新型农业组织形态。其目标应是尽量减少废弃物，将园区内某种农业或企业产生的副产品用作另一种农业或企业的投入或硬指标材料，通过废弃物交换、循环利用、清洁生产等手段，最终实现园区的清洁无污染。建设生态农业园区，必须运用循环经济理念和农业生态的原理探索经济发展与资源环境的深层次矛盾，因地制宜，强化区域内农业之间的内在联系，补充和完善现有区域生态功能。

另外，所谓特色生态农业，即以市场为导向，以效益为中心，借助科技创新和资源环境质量的不同，在推动主导产业标新立异和品牌产品系列化的过程中实现高持续发展的新型农业运作模式。这种模式可以说是农业市场化的必然选择。这就要求以科技进步和强化管理为手段，以综合开发、基地建设为措施，以集约化、基地化和规模经营为方向，以发展“特色”为突破口，面向工业、面向外贸、面向城乡市场，结合发挥城市生态农业双层经营的机制优势，发展高产、优质、特色、高效农业。

还有就是资源和能源的综合利用模式是较为常用的农业生产方式，在实践中已得到广泛的应用。在我国北方，已经形成了以地膜覆盖为重要内容的“旱作农业和塑料大棚＋养猪＋厕所＋沼气”

四位一体的生态农业模式，并取得了明显的效果。在一块土地上实现了产气、积肥同步，种植、养殖并举，建立起了生物种群多、食物链结构较长、物质能量循环较快的生态系统，达到了农业清洁生产、农产品无害化，经济效益和生态效益非常可观。南方的"猪—沼—果"模式，以养殖业为龙头，以沼气建设为中心，带动粮食、甘蔗、烟叶、果业、渔业等产业，广泛开展农业生物综合利用，利用人、畜粪便入池产生的沼气作燃料和照明用能源，利用沼渣和沼液种果、养鱼、喂猪、种菜，多层次利用和开发自然资源，既提高经济效益，又改善生态环境，增加农民收入。

二、发展都市型现代农业对于构建城乡一体化的意义

农村、农业问题是我国现代化的"瓶颈"。现在越来越多的人认为，解决我国"三农"问题的根本出路在于城市化，在于让农村剩余劳动力就地或异地转入二、三产业。但也有人对此提出了质疑，分歧依然存在。但都普遍认识到必须逐步地对农村加以彻底改造，以逐步减少城乡之间的差别，最终达到美国城市学家刘易斯为我们所描绘的"城与乡，不能截然分开；城与乡，同等重要；城与乡，有机结合在一起"的理想境界，真正实现"城乡融合"、"城市和乡村有同等的生活条件"。目前，国外建设都市型现代农业的成功经验和国内特大城市兴起的推进都市型现代农业热潮，都为我国普遍推进城乡一体化提供了新视角和路径。

（一）都市型现代农业是城市化的产物，同时是城市化的新动力

都市型现代农业是在工业化和城市化高度发展过程中提出来的，代表了人类对300年工业化、城市化历程的一种反思和觉醒，反映了工业化、城市化和农业现代化高度发展以后人类对新时代农业的一种探索。伴随着城市化的迅速发展，一方面原有城市迅

速膨胀，另一方面广大农村迅速城镇化，农村和城市这两个彼此疏远的空间开始密切起来。首先，城市化给农业提出了新要求，现代城市面临很多生态问题，人们终于意识到，“无农的城市是不完整的城市”。农业不仅可生产食物，并对城市生态、文化、社会诸方面具有不可缺少的作用。其次，城市化迅猛发展给农业带来了新机遇，一方面城市化使农业具有与工业相同的交通、邮电、电力等基础设施，另一方面由于毗邻中心城区，都市的农村可以依托城市强大的物质装备和科学技术向农业渗透，比其他地区更早实现集约化、设施化、工业化、规模化、基地化，形成具有紧密依托并服务于都市的、生产力水平较高的现代农业生产体系，成为推动城乡一体化建设的新的强大动力。从国际上看，最具备都市型现代农业国际化、专业化、优质化和高技术特征的当属荷兰、以色列和新加坡等国，这些国家在人均资源短缺的情况下，通过发展设施农业、精细农业并走工厂化、专业化和高投入、高产出的道路，以花卉和菜篮子为主体的都市型现代农业高度发达，这些国家推进都市型现代农业的经验为我国特大中心城市推进城乡一体化提供了样板，同样对于面临土地短缺、地价昂贵、环境资源压力大的都市农业，如能吸收借鉴这种经验，大力发展都市型现代农业，不失为“促进城乡同发展、共繁荣”的新思路。

（二）21世纪是世界城市化的世纪，快速的城市化与大都市圈的形成，使得农业的发展面临何去何从的选择

过去，人们一直认为在城市边缘地区发展工业经济效益比发展农业效益好，但是从农业对城市的综合功能分析，城市化的出路不是消灭农业，因为农业具有重要的社会稳定功能，是解决传统农村剩余劳动力的一大重要途径。我们以成都为例，成都市是大城市带大郊区，其中农业人口605万，占全市总人口的57.2%，在推进城乡一体化进程中，农民转入二、三产业就业的难度大。这里所说的难度不是指安排农民扫大街、搞保洁、当保安时存在的缺少相

应岗位这样一些较低层次的困难，而是指当农民在向较高层次的二、三产业迈进时，因受其自身的低文化、贫知识、缺技术、无能力的限制，被社会、市场、企(事)业单位和机关无情拒之于就业门槛之外的现象。这种现象较为普遍，所带来的困难也将长期存在。因此，都市型现代农业以其广泛的就业功能，为农民变市民提供了新思路。一方面，都市型现代农业活动自身需要一批直接生产者和经营者；另一方面，它还需要越来越多的涉农二、三产业人员。这些涉农产业，包括了农产品的贮藏加工，农业的产前、产中、产后的社会化服务，观光农业、休闲农业等，在拓展农业的同时，也赋予了农业新的生命力，创造了大量的就业岗位，实现了农业增效和农民增收。美国 2000 年以产业从业人员在总就业人口的份额虽不足 3%，然而若加上涉农产业的就业人员，其总份额却高达 19%，换言之，1 个第一产业的从业人员就拉动了 6 个左右的二、三产业的就业岗位。

(三)都市型现代农业提供了"城乡经济社会相融"的新办法

农业现代化的本质不仅仅是生产条件和手段、产出水平和管理水平的现代化，更应该是整体功能的现代化。就北京发展都市型现代农业的目标来说：全面加快郊区农业由单一生产型向生产、生态和生活多功能型转变。经过 3～5 年努力，到"十一五"期末，基本建成区域布局合理、规模化集约化生产水平较高、产业化经营能力较强、产品质量安全的农产品生产体系；基本形成基础设施相对完善、经营模式多样、门类齐全、服务水平较高的农业休闲观光服务体系；初步建立起生态涵养能力较强、水源污染得到有效控制、城乡景观优美协调、高效节能节水的良性循环农业生态系统；探索和建立起城市支持农村、工业反哺农业的有效机制。再经过 5～10 年的努力，最终形成以农业和农村产业为基础、以城市为依托、整体现代化水平较高的集生产、生活和生态功能于一体的可持续发展的都市型现代农业体系，使郊区从事第一产业的农民明显

减少，农民素质普遍提高，农业效益和农民收入显著增加，实现产业、产品和功能的转变，形成城乡一体、统筹发展的局面。当前，我国特大中心城市农业的传统生产功能不断弱化，内容正在发生质的变化，与其他产业的融合产生了新的产业。比如后文将要进行具体介绍的，农业与旅游业的融合，产生了观光农业；农业与加工业融合，产生了加工农业；农业与出口贸易的结合，产生了创汇农业；农业与物流业的融合，产生了农产品配送业；农业与会展业的结合，产生了会展农业，这些新的产业，为城乡经济社会相融赋予了新的内容。在人多地少、经济较发达的亚洲国家和地区，如日本、新加坡、韩国、我国台湾省等。由于人口稠密、土地资源稀缺，这些地方的都市型现代农业既要担负较重要的经济或生产功能，重视农业生产技术的现代化与集约化和生产设施的小型化、全自动化和智能化发展，就近为城市居民提供生、鲜食品；同时，还要满足城市生态与景观美化、减避灾害、市民绿色休闲旅游等不断增长的多样性功能。如日本的都市型现代农业主要以蔬菜、水果生产为主，在政府财政的重点扶持下，园艺设施基本上实现了小型化、集约化和现代化，蔬菜从播种到成品包装基本上实现了机械化操作，其蔬菜与花卉生产的 80%实现了现代化园艺栽培，商品率在 90%以上；同时，为改善生态环境和休闲需要，观光、休闲、体验农业也是都市型现代农业的重要组成部分。如日本大阪府的都市型现代农业有 70 多个观光农园，其中柑橘类 10 个、葡萄类 17 个、垂钓类 17 个和草莓类 6 个。另外，有市民农园、科学教育园地、文化资源利用型的文化馆、文化传习所、民间艺术展览厅，供游客住宿、休闲体验的“故乡之家”、“农家别墅”等。我国台湾省的都市型现代农业主要采取休闲农业区、观光农园、市场农园、农业公园、休闲农场、教育农园等形式，并且其发展已比较规范，从申请到建设、管理都制定了相应的法规，如休闲农业管理法等。

（四）都市型现代农业为城市可持续发展指明了新方向

都市型现代农业的多功能特性已得到了普遍的认同，不仅具有为城市提供鲜活农产品的生产或经济功能，而且还具有“都市之肺”、绿化隔离带及宜人的公共开阔空间等生态功能、体验农业生活方式、欣赏农业田园景观等休闲旅游功能、增强市民与农民的交流、获得农作知识等社会或教育功能等。农业不仅仅是物质生产过程，也是人与自然生物圈协调的过程。农业通过自然代谢对人类活动产生的废弃物和污染物予以接纳、存贮、净化、降解、吸收，并以新的形式重新返回自然环境之中，这就是农业的环境调节功能。以巴黎大区（巴黎市及周边7个省、市）为例，农业尽管在大区GDP的比重只有0.2%，但是农业效益很高，第一产业人均增加值约6万美元，收益率达35%。大区农业的首要功能是要人为地抑制城市的盲目自由扩张，巴黎大区不断修订城市规划，划定自然保护区和农业保护区，将农田、河谷、森林、公园等绿色空间联系起来，形成贯穿整个大区的绿色脉络，即使在近郊区，仍然保持农业生产以维持生态平衡和保留用地贮备，以维持城乡协调发展，达到城市综合经济效益最佳。

另外，处于都市群之间、都市郊区及其所属的中小城镇之间的区域是都市型现代农业发展的区域，这些区域是实现城乡一体化的先行区，只有用城乡一体化的思维指导都市与都市型现代农业实现协调发展，才能从根本上体现和落实科学发展观，体现“以工促农、以城带乡”的发展要求。用城乡一体化的思维指导都市型现代农业发展，应主要做到以下几个方面。

1. 将都市型现代农业的发展真正纳入都市统一发展规划和建设之中　生态型都市是都市发展和建设的重要方向，都市型现代农业是建设生态、宜居都市的重要组成部分。虽然我国许多城市的长远发展规划都强调要保留一定的水面、农田用地，但实践中这些往往停留在长远规划中，当现实发展需要用地时，这些地方又以

城市经济发展和扩张为根本出发点而改变规划。这样,都市型现代农业永远处于附属地位,这是对都市发展方向、都市型现代农业功能和作用认识不足的重要表现。都市型现代农业只有在政府按照城乡一体化要求统一规划和建设都市中,才能持续生存和发展。

2. 从城乡一体化要求的角度,彻底改变都市扩张对农业和农村环境、资源的破坏 都市型现代农业区域历来是城市污水和废弃物的主要排放地,对都市型现代农业发展要求的生态环境造成了极大破坏,导致农产品质量安全水平下降,竞争力削弱,这是以都市市区为中心的城乡二元结构观念的体现,也使得都市的生态环境难以有效改善,都市的整体发展形象受损。因此,必须将都市型现代农业作为都市的重要组成部分,以城乡一体化的思路统一城乡生态环境建设,才能使都市型现代农业的生态环境功能在都市型现代农业的健康发展中得到体现。

3. 建立更强的对都市型现代农业支持和保护的长效机制 都市型现代农业发展的区域是最易受到都市发展影响的区域,农民从事都市型现代农业的机会成本更大。由于土地可能会被占用,遭受的污染大,从事都市型现代农业的总体风险较高。因此,必须给予都市型现代农业更强的支持和保护。除了一般的保护和支持领域外,重点应当建立长效的生态环境补偿机制、土地占用补偿机制,这样才能维护都市型现代农业的生存和发展,都市型现代农业的多功能性才能有效发挥。

第二章 都市型现代农业的内涵及模式

第一节 创汇农业

创汇农业又称外向型农业，它指以国际市场为导向，以出口创汇为目标，而建立形成的一种农业生产结构以及包括农产品加工、销售、科研、金融等各种服务体系在内的农业经济体系。具体来说，创汇农业指以国际市场为导向，专门围绕出口创汇组织生产与加工各种适销对路的农副产品、畜产品、水产品参与国际竞争和交换的一种“贸工农”外向型农业。主要依靠现代科学技术，引进国内外优良品种、先进技术装备，同当地优越的农业生产条件和丰富的农业自然资源、劳动力资源及灵活的家庭经营等以最佳方式组合起来纳入社会化专业生产体系，建立起各种名优特农副产品、畜产品、水产品规模生产基地，并以基地为中心形成一个高技术、新品种、多种类、大批量、低成本、高效益、出口创汇能力强的外向型农业生产体系。其发展有助于推动传统农业及其生产手段的改造，从而最终达到推动整个农业现代化进程的目的。

一、国外创汇农业成功的经验

农产品出口在对外贸易中具有不可替代的作用，农业创汇是外汇的重要来源。美国、法国、荷兰等发达国家和巴西、泰国等发展中国家是农产品出口创汇主要国家，这些农产品净出口国家，农产品对外贸易不仅有力地促进了本国农业的发展，而且对于弥补整个外贸逆差，进口技术和设备，进而推动整个国民经济的快速发展都做出了重大贡献。从这些国家成功的创汇农业，我们大致可以总结出以下几点经验。

(一)政府对创汇农业采取保护和支持政策

为了扩大农产品出口创汇,对内政府加强道路、港口、仓储等基础设施的建设,提供技术、信息等各种服务,在财政、金融等方面提供优惠的经济政策,予以支持;对外通过参与多边或双边谈判,寻找贸易机会,提供政府担保,特别是通过出口补贴政策,增强本国农产品在国际市场上的竞争力,保护农产品出口。在欧盟向WTO通报的其对农产品提供的出口补贴状况中显示,2005-2006年补贴额为19.2亿欧元,2006-2007年虽然有所减少,但仍达到14.6亿欧元。同样,美国的农产品出口补贴程度也很高,这样无疑给本国农产品出口的竞争力增加了重重的砝码。

(二)以国际市场变化为导向,及时调整农业生产结构和农产品出口结构

各国在发展创汇农业过程中,都十分注意国际市场动向。一方面,根据国际市场需求变化,调整农业生产结构和农产品出口结构,以适应市场需要,保持强劲的出口势头。如巴西的大豆,在20世纪60年代仅有少量的种植和出口,进入70年代后,世界市场对大豆及其制品需求增加,巴西及时采取有效措施,扩大种植面积,到20世纪70年代中期,已成为世界第二大豆生产国。另一方面,针对贸易保护主义,为减少世界农产品市场波动对本国农产品出口的影响,降低出口风险,各国普遍采取措施,促进农产品贸易的多元化和农产品出口结构的多样化,以达到分散这种市场风险的目的。例如,泰国20世纪60年代以前稻米和橡胶的出口占其总出口的比重一直在60%以上,但是到了80年代末已下降至14.4%,而其他非传统产品的出口则有了显著增加,形成了以稻米、木薯、橡胶、蔗糖、玉米、水果罐头、冻虾、禽肉等为主的多品种出口格局。

(三)增加加工农产品出口,提高出口农产品的附加值

由于国际贸易中初级产品价格低,加工品价格高,使以出口初级产品的国家无形中蒙受了巨大损失。为提高出口创汇能力,增加经济效益,许多国家致力于发展农产品加工业,提高农产品加工程度,增加农产品出口的附加值。以加拿大为例,加拿大 1998 年初级农产品出口总值 78 亿美元,加工农产品 73 亿美元,而目前的加工农产品出口值已超过初级农产品出口值。其阿尔伯塔省 1999～2001 年初级农产品出口增加 38%,加工农产品出口增加 477%,目前的精加工产品出口占全省食品出口总量的 42%。

(四)外贸、加工、生产密切联系,产供销、贸工农一体化经营

农业与工商业相比,一般经营规模小、实力弱,获得信息的能力差,在国际竞争中处于不利地位。这就客观上要求外贸、加工、生产密切结合,形成利益共同体,实行利益均摊,风险共担,优势互补,增强创汇农业的国际竞争能力。近几十年来,各国或通过建立产供销、贸工农一体化企业,或通过合同的方式,把出口农产品生产、加工、贸易各环节紧密结合起来。这样,既避免了生产的盲目性,保证了出口资源的数量和质量,又提高了出口农产品的综合效益,增强了创汇农业的计划性。例如,泰国以加工业为龙头,发展了一批产供销一体化的贸工农综合体,把农产品的生产、收购、贮藏、加工、包装以及出口紧密联系起来。正大集团就属于这类综合体,它经营有饲料农场、配合饲料工厂、养鸡厂、养猪场、屠宰场,并形成了以饲料加工厂为龙头的肉鸡系列化生产和出口体系,产品畅销世界。

(五)重视科学技术在创汇农业中的作用

一国农产品出口的规模、经济效益,从根本上说取决于该国农产品在国际市场上的竞争力。各国在发展创汇农业中,都积极采用最先进的科学技术成果,选育高产优质品种,推广新的栽培、饲养技术,发展高产、高效、优质的现代农业,不断提高出口农产品的科技含量和质量。同时，在农产品的加工、贮藏、运输以及市场的信息收集中，都尽量采用最先进的科技手段。如荷兰的温室蔬菜生产，每2～3年更换一个新品种，所有的温室蔬菜栽培均为无土栽培，蔬菜采摘后经清洗、分级、包装等处理后进入拍卖市场，其中70%～90%的产品经出口商远销世界各地。

（六）因地制宜，发挥资源和经济优势

发展创汇农业成绩卓著的国家，均从国情出发，充分利用并发挥自己的资源优势，大力发展具有比较优势的农产品出口。如美国出口创汇的农产品主要是谷物、林产品和农业原料，泰国出口创汇的农产品主要是稻米、木薯、橡胶、菠萝。

二、发展创汇农业的措施

我国加入世界贸易组织后，扶持外向型创汇农业经济发展，是农业综合开发项目工程建设的一项重要任务。近几年来，全国各地农业综合开发项目区在多种经营及龙头项目工程建设中，注重招商引资，加强对外贸易合作，引进国外资金发展高产、优质、高效的龙头农业项目，促进了外向型创汇农业经济发展，增强了农业综合生产能力，壮大了地方经济实力，提高了农民群众收入水平，创造了农业持续健康发展条件。近几年来，全国各地农业综合开发项目区在多种经营及龙头项目工程建设方面，注重扶持外向型创汇农业经济发展，取得了显著成效和成功经验。同时，国家也针对出现的一些问题，在总结经验教训的基础上提出相应的规划、策略和举措。

从20世纪90年代以来，全国各地农业综合开发项目区逐年在多种经营及龙头项目工程建设中，注重扶持外向型创汇农业龙头项目，因而促进了外向型创汇农业经济逐年发展，农林牧副渔各业产品出口量逐年增加，成为农业和农村经济持续发展的增长点，为各地区农民群众增收致富、地方增强经济实力创造了有利条件。

主要有以下几个方面。

(一)逐渐扩大了农业利用外资规模

从 1992 年至 2001 年,全国各地农业综合开发项目工程建设累计利用外资 36 亿美元,投资农业龙头企业 3 638 家,其中投资额 500 万美元以上的农业龙头企业有 124 家,农业龙头项目利用外资的范围,包括农林牧副渔各业生产、加工、贮运、销售、旅游等多种经营及龙头项目,以及为农林牧副渔各业生产经营服务的机械、仪器、良种、化肥、农药等龙头项目。农业龙头项目利用外资的来源,包括日、韩、中国香港、中国澳门、中国台湾、东南亚、欧美等国家和地区的企业投资,世界银行、亚洲开发银行、联合国农发基金等国际金融组织贷款。据推算,从 1992 年至 2001 年,全国农业综合多种经营及龙头项目工程建设所需资金投入 20%来自境外,弥补了国家、农村集体和农民群众的资金投入的不足,保障了农业综合开发项目工程建设资金的需要。

(二)逐渐增加了农产品出口创汇

近几年来,全国各地农业综合开发项目区拓宽了农产品销售的国际市场,一些外国客商在国内合资办多种经营及龙头企业,开辟了农产品产、加、销一条龙途径,拓宽了国际市场的营销渠道。目前,全国各地农业综合开发项目区的农产品销售额的 15%是通过国际市场实现的,农产品出口额的比重逐年上升。例如,1992 年,全国农业综合开发项目区农产品出口额仅 18 亿美元,而到 1998 年已达到 24 亿美元。特别是从 1998 年以来,逐年出口呈现稳步增长的良好态势。据不完全统计,截至 2001 年全国各地农业综合开发项目区建立了大型的农产品出口生产基地(企业)2 210 个,农产品出口额已达 46 亿美元。截至 2007 年,我国农产品进出口贸易总额为 781 亿美元,其中出口额为 370.1 亿美元,进口额为 410.9 亿美元。

(三)逐渐改善了农产品出口结构

近年来,全国各地农业综合开发项目区的园艺产品、畜禽产品、海淡水产品出口额逐年扩大。据2001年估算,园艺产品出口额占农产品出口总额的35%,而园艺产品中的蔬果及加工制品出口额占到园艺产品出口额的53%。畜禽产品出口额占农产品出口额的25%,海、淡水产品出口额占农产品出口额的20%,糖及糖食、杂项食品、动物饲料、饮料、酒等其他农产品出口额占农产品出口额的10%,大田作物玉米、水稻、大豆等产品及加工品的出口额占农产品出口额的比重波动较大,由1992年的20%下降至2001年的10%左右。2003年我国出口新鲜及冷冻水产品33.4亿美元,占全部农产品出口的15.7%;蔬菜出口21.8亿美元,占10.3%;园艺产品出口52.7亿美元,占24.8%;畜产品出口27.3亿美元,占12.9%;4类产品出口合计占农产品总出口的63.9%。另一方面,农产品加工品出口增加。2003年我国农产品加工品出口85亿美元,占农产品出口总额的40.2%。其中蔬菜水果加工品出口21.7亿美元,占农产品总出口的10.2%;水产品加工品出口19.3亿美元,占9.1%;肉类加工品出口7亿美元,占3%。"十一五"期间,要全面实施技术创新、结构升级战略,努力发展农产品加工品出口,使其出口占农产品出口总额的比重提高至50%以上,农产品加工品出口达到190亿美元。总的看来,我国具有竞争力的农产品出口优势正在显现。

(四)逐渐集中了农产品出口的产地和市场

近年来,我国东部沿海16个省、自治区、直辖市和计划单列市农业综合开发项目区已成为农产品出口的主要产地,这些地区农产品出口额占全国农产品出口额的70%以上,其中广东、山东、浙江、福建的农产品出口额远远超过其他省(自治区)。同时,近几年农产品出口市场也比较集中,农产品的出口额集中在亚洲市场,其中对日本、中国香港、中国澳门、韩国的农产品出口额占全国农产品出口总额的58%。不仅如此，不少国外客商在我国一些沿海省、自治区、直辖市和计划单列市投资合办产加销一体化农业龙头项目，直接推向国际市场。

(五)逐渐增强了农产品竞争力和出口能力

近几年来，全国各地农业综合开发项目区在组织进行外向型创汇农产品生产经营过程中，注重引进了国外先进生产设备，推广了种植、养殖、加工、保鲜技术和优良品种，改造了传统的农业生产经营技术，提高了名特优农产品质量。同时，吸收了国外先进的农业生产经营管理经验和做法，采取了先进的经营机制，提高了农业综合经营管理水平，因而增强了农产品的竞争力和出口创汇能力。

(六)逐渐提高了农业和农村经济总体效益

全国各地农业综合开发项目区大量农产品的出口，既增加了国家外汇收入，又增强了地方经济实力，壮大了农村集体经济，为农民群众增收致富创造了有利条件。据调查，多数农业综合开发项目区农业总产值年均递增6.3%。据统计，全国农业综合开发项目区粮食、肉类、水产品、水果、蔬菜等大宗农产品的产量大幅度增长，年增总产量约占全国增产量的40%，开发项目区粮食平均亩产产量比非开发项目区增加了150公斤以上，开发项目区农民群众年人均纯收入比非开发项目区净增加3 000元以上。

三、创汇农业目前存在的一些问题

尽管取得了一些成绩，但是我们也应看到，我们在发展创汇农业的过程中依然存在着不少问题。

(一)农产品出口份额小

尽管全国各地农业综合开发项目区农产品出口量是逐年增加的，但逐年增加的出口份额不大。目前，我国农产品出口总额只占世界农产品出口总额的3.2%，这样一个农业大国农产品出口总额显得太少，而全国农业综合开发项目区农产品出口总额只占全国农产品出口总额的40%。

【案　例】

河南省:农业大省出口小省

虽然河南省创汇农业在近几年得到较快发展,但从全国范围来看,还是农产品出口小省,创汇农业还有极大的发展空间。据省农业厅提供的资料,从2001年至2004年,河南省农产品出口额占全国农产品出口总额的比例一直不足2%。

与此形成鲜明对比的是,河南省粮食总产量连续多年占全国总产量的1/10,新增粮食产量在去年居全国首位,牧业产值、大牲畜存栏、牛存栏、牛出栏、肉牛产量、山羊存栏6项指标也是连续多年居全国第一位,每年有500多万吨的商品粮和粮食制成品调出省外。河南省对全国的粮食安全做出了很大贡献。

一方面是农业大省,另一方面却是农产品出口小省,这种强烈反差不得不引起我们的反思。

河南地处中原,自给自足、小富即安的小农经济意识浓厚,是导致创汇农业发展缓慢的根本原因。

造成河南省创汇农业发展相对滞后的因素很多,主要有:

第一,农产品出口结构不尽合理。从河南省农产品出口种类看,初级产品多、加工产品少,品质、档次、附加值、科技含量均较低。从出口方向看,主要集中在亚洲国家,对其他国家和地区出口数量相对偏少。

第二,资金投入不足,政策支持力度不够。根据世界贸易组织规则及河南省对农业投入现状,河南省每年对创汇农业的投入大约还有130亿元的空间。

第三,农产品质量安全体系不健全。加入世界贸易组织后,技术性贸易壁垒成为制约我省农产品出口的重要问题之一。为此,河南省近几年加强了农产品质量安全体系建设，但受资金、技术、设备等条件制约，检验检测手段仍比较落后，一些农产品加工企业没有进行绿色食品认证或有机食品认证，更没有进行国外卫生注册认证。目前，河南省仅有170家农产品生产企业进行了绿色食品的注册登记，70家出口企业获得国外卫生注册，分别只占全国总量的1.62%和2.45%。

第四，外向型农业中介组织及信息服务体系发展滞后。与沿海发达省份及世界上发达国家相比，河南省外向型农业中介服务组织数量少、信息渠道不畅通，农民和企业不能快速、准确地应对国内外市场的需求变化。

第五，出口创汇龙头企业和基地少。出口额超过千万美元的农业企业我省仅有6家，大部分农业企业年出口额都在100万美元以下，且波动较大。河南省年出口创汇100万美元以上的农业基地不到100个，而广东、江苏分别达到了700和500多个。

（资料来源：参考文献[3]）

（二）农产品质量差

全国各地农业综合开发项目区农产品质量差的现象比较严重，这是不适应国际市场需求的重要问题。在国际市场上，全国大宗农产品虽然具有价格比较低，如牛羊肉、家禽、海淡水产品、蔬菜、瓜果、药材等农产品具有明显的价格低优势，但各种农产品质量差，由于种植业、养殖业、加工业的专门化、标准化、规范化程度低，主要是由于广大农村农民群众种植业、养殖业分散、零星生产经营，达不到高质量的要求；同时，由于有些地区生产、加工、贮藏、运输、销售等各环脱节，不能与国际市场接轨，出口规格、标准低。例如，我国苹果、猪肉、家禽的总产量居世界第一位，而目前全国苹果出口总量只占生产总量的1%，全国猪肉出口总量占生产总量的2%，全国家禽出口总量占生产总量的3%，全国蔬菜出口总量占生产总量的4%。其主要原因是农产品的杂质多、水分多、病虫害多、农药残留多，营养减少，甚至有害身体健康，在国际市场上缺乏竞争力。

(三)农产品出口体制不顺

由于全国各地农业综合开发项目区农产品出口体制不健全，不适应国际市场经济发展要求。国家现行外贸体制的不适应，主要表现在：一是广大农村千家万户农民群众分散、零星的、小规模的生产经营活动，不能科学有效进入国际大市场的轨道。二是广大农村农产品生产、加工、贮藏、运输、出口各环节相分离，未建立一种能够把广大农民群众组织起来的合作组织形式，不能推动具有经营实力的产加销一体化的龙头企业带动农民群众参与国际市场的竞争。在流通领域中有关收购商、外贸公司层层加价，农民群众生产农产品收益得不到保证。由于农民群众与国际市场相脱节，不能及时掌握国际市场信息，及时调整农产品结构，因而农民群众生产的农产品不能适应国际市场的需求。

(四)农产品出口战略缺乏

多年来，全国各地农业综合开发项目区农产品生产一直是立足于供应国内市场，不断满足全国人民的需求。近几年来，由于全国农产品供求关系发生了变化，实现了总量平衡、丰年有余，这为我国农产品进入国际市场创造了条件。但是，目前我国对农产品如何开拓国际市场，扩大农产品出口战略，缺乏深入细致调查研究，如何对农产品出口区域布局，缺乏可行性探讨，尤其是不能采取相应配套政策与措施，因而我国农产品生产不能适应国际市场的需求，不能出口具有竞争优势的农产品。不仅如此，还没有优惠政策和管理策略，主要表现在一是在农业优惠政策上，许多外商反映，空有农业优惠政策，没有实际优惠措施；目前我国对外商投资的优惠政策，是针对工业项目制定的；对农业项目各种赋税，与工业项目相比没有差别。二是农业管理策略上，多年来，对外商投资农业项目审批权一直不在农业部门，因而农业部门无法掌握和管理农业项目。

【案　例】

关注河南省创汇农业发展

“换脑子、挖根子、变法子、装轮子、闯路子”。河南省优化投资环境，打造诚信社会，大力发展开放型经济。加入 WTO，给河南省创汇农业带来挑战，也带来空前的发展机遇。大力发展创汇农业，使更多农产品走出国门，使国内外两只“轮子”一起跑，是河南省由农业大省变为农业强省的必由之路。

一、创汇农业势头喜人

近年来，河南省创汇农业得到长足发展。据郑州海关统计，2001 年至 2004 年，河南省农产品出口总额分别为 20 582 万美元、23 121 万美元、32 060 万美元、36 175 万美元。

在出口市场结构上，河南省既保住了原有的传统市场，又开拓了东欧、非洲、拉美等国家和地区的市场；新兴市场农产品出口增长强劲，与传统市场齐头并进，形成了遍地开花的繁荣局面。

在产品结构方面，河南省农产品出口档次低、加工转化率低、收益低的“三低”状况进一步得到改善。以出口量最大、近年来增长速度较快的生猪、猪肉及其制品为例，从 2000 年至 2004 年，生猪出口仅增长了 0.15%，而猪肉和猪肉制品出口却增长了 5.05 倍。同时，精加工、高附加值的浓缩及人造蛋白、蛋白胨衍生物、苹果汁等都已成为我省农产品出口的主导产品，其他一些高效农产品如大蒜、辣椒等的出口也都有不同程度的增加。河南省农产品的国际竞争力也有显著增强。韩国进口我国的鸭肉 80%以上来自河南省的华英集团，且价格每吨高出内销价格 5 000 元人民币。2004 年，漯河双汇集团和汇通集团实现猪肉及肉制品出口 7 792

万美元，比上年同期增加41.01%，在国际上打响了“漯河制造”的品牌。

农产品出口基地的规模、数量和质量得到较大提升。据省农业厅统计，截至2004年，河南省农产品出口生产基地已经发展到221个，逐步形成了以鹤壁、郑州为中心的食品加工，以漯河、周口为重点的芝麻，以三门峡为重点的苹果汁，以郑州、开封为中心的大蒜，以南阳、商丘为重点的辣椒，以信阳为重点的淡水水产等一批特色鲜明的农产品加工出口区域。

二、创汇农业前景诱人

创汇农业的发展不但能给农民带来实实在在的实惠，而且也是解决“三农”问题、走活“三农”这盘棋的关键之一。

发展创汇农业还得有自己的特色。在这方面，河南省许昌县“点豆成金”的故事很有说服力。这个县的农民把大豆做成腐竹、豆油皮、豆丝、粉皮、豆腐、豆芽等八大系列20多个品种的产品，并与中粮油集团等单位联合进行技术开发和销售基地建设，把“绿色快车”开向了国际、国内两个市场，产品销往日本、韩国、俄罗斯等十几个国家和地区，年出口创汇280多万美元，农民年人均纯收入增至2 392元。小小的豆子神奇般地膨胀成了一项红红火火的大产业，并带动了印刷、包装、机械、种植、养殖、餐饮等相关产业。

面对经济全球化和日益激烈的国际市场竞争，河南省从2002年至今相继出台了4个有关创汇农业的文件。从2008年开始，每年还将投入1 500万元的财政资金支持创汇农业的发展。根据河南省的规划，到2010年，要发展农产品出口基地100个、创汇农业龙头企业100个、外向型农业中介服务组织100个，年引进先进适用技术100项、优良品种100个、外资10亿美元，年外派农村劳务10万人次以上，农产品年直接出口10亿美元以上。

（资料来源：中国食品产业网）

第二节 生态农业

发展生态农业，实现农业可持续发展，不仅符合我国农业发展的实际情况，也符合世界农业发展的基本方向。自20世纪60年代末以来，许多国家先后提出了有机农业、生物农业、自然农业、持续农业等概念，并把它作为一种新的农业发展模式付诸实践。由于这些模式都是以生态学原理为指导，以生态、自然资源保护与农业协调发展为主要内容，所以统称为生态农业。生态农业是针对现代农业投资大、能耗高、污染严重、破坏生态环境等弊端，从保护资源和环境的角度提出的。另外，生态农业是以生态学和生态经济学原理为基础，以现代的科学技术为手段，以经济效益、生态效益、社会效益为目标，通过生态与经济的良性循环，使农业资源得到合理利用的新型综合农业生产技术体系。生态农业能把农业生产、农村发展和保护环境、高效利用资源等融为一体，是遏制当前农业生态环境恶化趋势，促进农业可持续发展和农村经济综合发展的有效途径，是“持续、协调、稳定”农业发展战略的最好体现。总之，生态农业的特点可以概括为以下几项。

第一，整体性。生态农业是把整个农业生态经济系统的全部要素利用起来，着重从整体与部分之间相互联系、相互作用、相互制约的关系中发展农村各个产业，并使农村的发展同整个国民经济的发展相协调。

第二，综合性。生态农业是具有综合性、系统性的农业。它在内容上是农、林、牧、副、渔协调发展的大农业；在技术上是工程技术与生物技术相结合；在管理上是贸、工、农相结合的集约化经营管理；其目的是建立一个生态上和谐，经济上合理，能促进和满足社会发展的现代农业。

第三，多样性。生态农业的生产模式是多样的，生态试验的层次是多样的，生态农业系统中种类是多样的，决定生态农业的多样性。

第四，地域性。生态农业是按照生态经济地域分异规律进行建设和生产经营的，强调因地制宜，以便合理布局农业生产力，适应最佳生态环境、实现优质高效、充分发挥资源优势和区位优势。

第五，稳定性。生态农业注重改善生态环境，使农业生产成为一个良性循环的生态系统。生态农业是一种可持续发展的农业模式，具有一定的稳定性。

第六，高效性。生态农业是提高农业生产效率和效益的生产方式。合理利用自然资源，重视提高太阳能的利用率和生物质能的转换效率，以产出最大的效益。

一、我国生态农业的崛起与成就

生态农业在我国发展的历史并不长，但由于政府的高度重视，科技界的积极探索，广大农民的积极参与和创新以及生态农业本身的强大生命力，已取得了明显的成就。

第一，我国生态农业在内涵和外延上基本形成了具有自身特色的理论与技术体系，是对国际持续农业发展理论的重要补充与创新。我国生态农业在技术体系方面也具有鲜明的创新特征，它以复合型的技术组合为特征，高度体现了智能及技术密集的特点，符合农业技术由单纯物质型的投入向以知识、智力、信息为基础的知识型技术过渡的变革趋势。

第二，经过十几年的发展，我国已有不同类型、不同规模的生态农业试点达 2 000 多个。20 世纪 80 年代，针对农业生态环境和生产条件逐步恶化趋势，农业部提出了发展生态农业的总体思路，并开展了一系列的生态农业试点示范。1993 年，农业部、国家发展计划委员会、财政部、科技部、水利部、国家环境保护总局和国家林业局联合组织开展了全国 51 个生态农业试点县建设，取得了显著的经济、环境、社会效益。51 个生态农业县的国内生产总值、农业总产值和农民人均纯收入年增长率分别比全国同期平均水平高 2.2%、0.6% 和 1.5%；水土流失、土壤沙化治理率分别达到 73.4%和 60.5%，森林覆盖率提高了 3.7%，农业综合生产能力显著提高。

第三，生态农业建设加快了无公害农产品生产步伐，生态优势正在转化为经济优势。到 2002 年底，全国大部分省、自治区、直辖市都成立了无公害农产品管理机构，建立健全了无公害农产品认证机构。无公害农产品的大量上市，引起新闻媒体的广泛关注，得到了老百姓的信赖，也成了众多企业的产业化发展的新热点。

第四，经过多年努力，中国生态农业建设已经形成了从国家到省、地、县(市)较为完善的管理、推广和技术服务体系，建立了各部门分工合作、密切配合、齐抓共管的管理机制，初步形成了国家、集体、个人投入相结合的市场运作方式。同时，生态农业建设也逐步走上了法制化轨道，已有 21 个省、自治区、直辖市和 200 多个县(市)颁布了农业生态环境保护条例或办法，18 个省出台了无公害农产品管理办法。

第五，生态农业建设的巨大成效引起了国内外社会各界的关注，国际组织对我国的这一创新给予了高度评价，认为我国走在了世界农业可持续发展的前列，已有多个生态农业建设点被联合国环境规划署授予“全球环保 500 佳”称号。我国生态农业建设的蓬勃发展所显示的无限生命力，证明它已逐步走向成熟，必将促进我国农业和农村经济的可持续发展。

二、我国发展生态农业的重要意义

(一)生态农业建设是实现农业可持续发展的必然选择

我国农业自 20 世纪 50 年代后期普遍出现粗放型的经济增长方式，生产经营水平不高，生产规模小。其特点是“高投入、高能耗、高污染、低效率”，破坏了生态平衡，形成了农业的恶性循环，如种植业广种薄收，重用轻养；林业过量采伐，重采轻造；草原牧业超载过牧，靠天养畜。自然资源的不合理利用，生态环境的整体恶化，水土流失、土地荒漠化、水体和大气污染，森林、草地和湿地生态功能退化等已成为制约我国农业和农村经济发展的主要障碍。

我国人均耕地是世界平均水平的1/3；水资源人均占有量仅为世界平均水平的1/4。资源基础的先天不足以及人口的巨大压力，客观上要求我国农业必须走一条资源节约及合理利用的道路。而城市化、工业化的快速推进，使得土地等农业资源越来越紧缺。这就要求我们确立生态经济和循环经济理念，改变粗放型增长方式，实现农业发展的全面性、协调性和可持续性。在生态农业中延长产业链、提高农业的产业化水平，有助于解决农村剩余劳动力的转移，减轻人口问题对资源的压力。可见大力发展生态农业，走内涵式、技术型农业发展的道路，符合世界农业发展的基本方向，更符合我国的国情。

1999年农业部编制了《中国21世纪议程农业行动计划》，明确指出：“中国农业不能再走破坏生态环境、掠夺自然资源、追求短期效益的老路，必须选择培育和保护资源、优化生态环境、提高综合生产能力的可持续发展道路”。我国生态发展已进入新阶段，对农业和农村经济结构进行战略性调整将是今后一段时间内的主要任务。

(二)生态农业有利于农村经济发展

随着经济发展和农业内外部环境的改变，我国农业目前出现了不少急需解决的新问题，如农产品市场竞争日趋激烈，一些传统农产品市场占有率下降。另外，我国成功加入WTO后，进口粮食的数量和种类不断增多，大量农产品的进口降低了我国农产品的价格，减少了农民收入，加重了我国农民贫困化程度。

而发展生态农业的根本目的是实现生态效益、经济效益和社会效益的统一。它不仅有利于农民根据市场导向,增加农产品种类,降低生产成本,提高产品质量,增强市场竞争力,从根本上保证农业增效、农民增收。发展生态农业还有利于提高劳动生产率、土地和资源利用率,拓宽农民增收渠道。生态农业是劳动和技术密集型综合产业,涉及种养加、贸工农多种生产经营,可为农民提供新的就业空间。发展生态农业还有利于充分利用各种废弃物,做到"变废为宝",降低农业生产成本,促进农村经济发展。

(三)发展生态农业,可促进我国粮食增产,确保粮食安全

我国粮食生产从 1998 年的 5.12 亿吨减少至 2003 年的 4.367 亿吨。2004 年上半年粮食出口 106.2 亿美元,而进口粮食 143.5 亿美元,粮食赤字 37.3 亿美元;到了 2007 年,我国共出口粮食(包括大米、小麦、玉米等谷物及谷物粉)986.4 万吨,价值 21.9 亿美元,与上年相比分别增长 63%和 89.6%;进口 155.4 万吨,价值 5.3 亿美元,分别下降 56.4%和 35.9%;净出口 831 万吨,增长 2.4 倍。与此同时,我国人口却持续增长,至 2030 年前后,我国人口将达到 16 亿,粮食和农产品的消费将大幅度增加,而耕地不断减少,我国粮食安全问题日益突出。

我国从 20 世纪 80 年代以来,便积极进行生态农业建设,寻求既能增产粮食等农产品,又能使生态环境得到改善的农业可持续发展模式。目前,我国已建成国家级生态农业示范县 102 个、生态农业示范点 2 000 多个。进行生态农业建设的地区,粮食总产增长幅度一般都在 15%以上,单产增长 10%以上。可见,生态农业是我国在 21 世纪促进粮食增产、确保粮食安全的一条重要途径。

(四)人类健康、生态环境呼唤生态农业和绿色食品的出现

我国农业生产活动中大量地使用化肥、农药,严重地污染了环境,破坏了自然界原来的生态平衡,影响农业的可持续发展。同时,农业污染使农产品中化学药品残留严重超标,致使产品质量下降,危害人体健康。而生态农业的生产原则是充分发挥动物、植物、微生物和人类的相互作用,采用物种或品种轮换种植的方法,注意利用天敌防治害虫,有效地减少化肥和农药的用量,并且生产出无污染、无公害、有益于健康的绿色产品。因而它可以保护自然资源,促进生态良性循环,为农业经济发展创造良好的生态环境。

(五)生态农业具有良好的生态功能、观赏价值

生态农业以生态与环境建设为基础,注重农业生产经营与生态状况的协调、互补,净化水质、土壤、空气。所以,经常处于生态农业环境条件下,人的身心状况就会得到改善,增强抗病能力,对于减少疲劳、恢复健康大有裨益。可以通过生态农业旅游开发,以清新的田园风光让游客亲近农业、亲近自然,从而愉悦身心,陶冶情操。

三、我国生态农业发展中存在的问题

我国在生态农业理论研究、工程模式、试验示范、生产管理以及建立植物基因库等方面都取得了明显成效。然而由于历史和社会的原因,全国生态农业建设仍存在不少问题,制约着生态农业进一步发展。

(一)理论落后于实践,缺乏优化、配套的农业技术体系

我国有丰富的传统农业精华,不同地区都创建了各式各样的生态农业技术模式。而生态农业模式本身具有较强的区域性,它必须与经济发展的阶段性相适应,只有在理论成熟的情况下,才能推动和指导生态农业向纵深方向发展。但许多生态农业技术模式仍处在经验水平,尚未进行很好的总结。我国还缺乏生态农业技术措施的研究,既包括传统技术如何发展,也包括高新技术如何引进等问题。在全国范围内仍未形成用现代农业科技装备、支撑的生态农业格局,成果数量少且转化率低。在技术推广方面,因技术推广服务体系不健全,技术引入农业经济的速度缓慢。

(二)生态意识较差,对发展生态农业的认识不足

由于农民受教育水平低,思想落后,生态意识较差,只考虑开发现存资源的具有见效快、产值高的项目,很少考虑到农业资源的保护和利用;只重视经济利益和眼前利益,对于提倡和实施生态农业很难接受。致使那些保护资源、培肥地力、减少环境污染等技术不易在农业生产中推广和运用。

(三)服务水平不能适应要求

对于生态农业的发展,服务与技术是同等重要的。但目前尚未建立有效的服务体系,在一些地方,还无法向农民们提供优质品种、幼苗、肥料、技术支撑、信贷。信息服务滞后也是当前制约生态农业发展的重要方面,因为有效的信息服务将十分有益于农民及时调整生产结构,以满足市场要求,并获得较高的经济收益。

(四)生产规模小,影响生态农业的发展

生态农业的深度发展,必将走向农业产业化,但由于中国还是实施以家庭联产承包责任制为主的一家一户分散的经营体制,使得生态农业的规模效益难以实现,也影响了物质能量信息的多级转化利用,故农业的规模效益问题将是生态农业发展中有待解决的重要问题。

(五)农业政策亟待完善

农业是弱质产业,如果没有农业政策的综合性保护,就会在很大程度上靠掠夺资源来维持扩大再生产,更不可能使生态农业得到真正的普及和发展。而政府的支持,最重要的就是要建立有效的政策激励机制与保障体系。但目前的生态农业政策,还有许多亟待完善的地方。我国除了《全国生态农业建设技术规范》和其他一些指导性文件外,对全国生态农业的总体目标、指导思想、发展措施和保障机制等缺乏纲领性文件,这些都直接影响了生态农业建设的成效。

四、加速生态农业发展的对策措施

(一)加强宣传、提高认识

通过电视、报刊、标语以及课堂教学等形式宣传保护和改善生态环境的必要性和紧迫性,宣传生态农业建设的总体规划和广阔前景,形成建设生态农业的广泛共识和大力发展生态农业的氛围;不断更新观念,把发展生态农业和推进农业可持续发展,增强农业发展后劲提高到战略高度来认识。

(二)依靠科技进步,注重高新科技含量

生态农业就是科学技术农业,涵盖了农业的工业化,特别是生物工程技术中的基因工程、细胞工程、生物酶转化工程、发酵工程等。就是一种"帮助农民科学地选择优良品种、土肥措施、排灌方式、病虫草害综合防制措施、栽培技术、作物轮作制度、农业与相应工业的合理配置等,以降低生产和经营成本,增加农业产出,以及永续利用资源和保护环境的农业"。只有加大科技含量,才能使农业生产链条不断拉长,才能提高农产品的质量和数量,才能增加农产品附加值,由此而生产的产品才具有竞争力。开展建设生态农业的关键技术和保障体系、生态农业产业化发展技术体系的科技攻关。同时,要重视生态农业技术的示范推广,把科技成果尽快转化为生产力,加快我国生态农业的跨越式发展。

(三)强化科技培训服务,推广典型生态农业模式

为了提高生态农业建设的理论和操作水平,提高劳动者的整体素质,要加大对基层科技人员和农民培训的力度,建设技术培训的保障体系。我国幅员广阔,农业资源和生态类型多样,自然环境和社会经济条件的区域分异显著,所适用的生态农业模式各不相同。各地应根据区域生态环境和社会经济特点,遵循生态经济规律,因地制宜,发挥区域优势,在各种生态农业模式类型中,加以科学选择、改造和运用,并随着社会经济发展和科学技术进步而更新、发展，以取得生态效益和经济效益的统一。

（四）认真规划决策，调整优化农业结构

根据我国各地域的气候、水源、土壤、地质条件和生物多样性等科学划区，确定各区目标任务，并指导研究制定有利于优化农村产业结构、合理开发利用资源的产业决策。调整优化农业内部结构，改进耕作制度，集约经营、多业结合，使农林牧副渔各业协调发展，不断提高农业生态系统的生产力。

（五）制定政策法规，加强基本保障

国家农业政策是各级生态农业建设的最基本保障，目前生态农业在我国刚刚起步，生态农业的绿色食品在国内市场上获得的利益不明显，利润率较低，政府应加大扶持力度，加强农业基础设施建设，给农民多项补贴。国家更应抓紧制定相应法律法规，不断调整和完善有关政策，保障生态农业建设的有序进行和建设成果能够发挥作用。农民是生态农业建设的主体和直接受益者，更要鼓励农户投入。生态农业是涉及多学科、多层次的复合系统工程，也是多行业、多部门协作的可持续发展模式。因此，各有关部门应密切配合、协同作战，根据当地资源和社会经济现状制定生态农业建设发展规划，以经济效益为中心，以市场为导向，完善各项制度，从而使生态农业建设得以持续稳步发展。

（六）培育规模经营的专业农户和带动力强的龙头企业、专业合作组织，推进经营体制创新

传统农业生产经营主体是分散性经营的农民，多数人素质不高，水平低，能力弱，难以适应市场竞争，更不符合发展现代生态农业的要求。因此，要以组织化、规模化和产业化为方向，推进生产经营体制创新。按照“自愿、有偿、依法”的原则，合理引导土地经营权的流转，促进土地向专业农户集中，提高经营专业化、规模化水平。注重培育现代农业经营主体，大力扶持发展龙头企业，充分发挥其推广生态农业技术、组织生产、推销产品的带动和示范作用。

【案　例】

广安区打造生态农业

每逢周末，距离广安城区3千米的枣山农家乐就被城里人坐得满满的。今年上半年，该农家乐的毛收入已超过了18万元。下乡休闲，已成为部分城里人节假日的首选项目。

发展特色农家旅游，是广安区打造现代生态农业示范区的一个重要组成部分。

地处川东丘陵深处的广安区如何破解农民增收难题？2004年5月，广安区开始了新的探索：将处于公路沿线的枣山、协兴、龙安等10个乡镇打造成现代生态农业示范区。1年过去，示范区效应初显：建成特色种植业基地14个、规模养殖场39个；新培育年产值亿元以上龙头企业1个；示范区农民人均纯收入达到2 720元，高出全市平均水平140元。

广安故乡生态农业公司和龙安乡的果农们一起合作开发龙安柚园，果农以土地和果树入股，公司以资金、技术和管理入股，共同经营龙安柚，果农享受销售总额的60%，公司享受40%。截至目前，认真、丰收两个村1 040亩4.6万株柚树全部“参与”了股份合作制经营。

“富有生机的经营机制是现代农业的重要标志。”如今，广安区建立起政府引导、业主带动、专业合作社组织拉动、科技承包牵动等多种经营模式。示范区已发展农村专合组织102个，联结农户8.7万户，龙安柚产业协会已建成为全国百强试点协会之一。

经营机制的创新，为示范区农业找到了新的增长点：2004年示范区共出栏生猪27.3万头、家禽65.5万只，同比分别增长10.2%和9.5%；建立优质无公害蔬菜基地2 500亩，浓溪苏红菌场已建成为全市最大的食用菌生产基地，其产品除满足本地市场外，还成功打进成都、重庆两地市场。

（资料来源：四川日报作者，张元忠）

第三节 观光休闲农业

观光休闲农业是利用农村景观、农业活动、农村民俗文化，通过规划和开发，为人们提供兼有观光、休闲、娱乐、教育、生产等多种功能为一体的农业旅游活动，是近几年一种生态旅游新类型。观光休闲农业策划是通过创造性思维，整合农业观光休闲资源，实现资源、环境、市场与项目的优化组合的创造过程。其基本任务是在观光休闲农业规划之前，通过深度研究和创造性思维，进行准确目标定位、功能定位、市场定位、主题定位和形象定位，建立核心吸引力和核心竞争力，形成独特的农业观光休闲产品形态和营销行动计划，为观光休闲农业具体规划和单体设计奠定基础、指明方向。

改革开放以来，随着经济社会快速发展，人民生活水平提高，消费需求不断攀升，越来越多的城市居民向往乡村风景美丽、空气清新、人与自然和谐相处的状态，到农村大自然去观光、休闲、度假的愿望强烈。休闲观光农业的发展，将农业观光、农事体验、生态休闲、自然景观、农耕文化等有机结合起来，既满足了城市居民崇尚自然、回归自然、享受自然的需要，又促进了乡村旅游业的崛起。

由于我国的休闲观光农业起步较晚，目前还存在以下不足，有待今后加强、完善和提高：一是缺乏科学规划，现有的休闲观光农业基本上处于乡村和工商业主自发状态，缺少整体规划和科学认证，模式单一、风格雷同，缺少各自的独特创意；二是品位档次不高，经营规模偏小，项目内容单调，赋予特色的为数不多，影响了经济效益的提高；三是管理服务不够规范，管理人员绝大多数是原来的生产、加工、营销的人员，服务人员基本上向社会招收，缺乏管理经验，整体素质较低；四是政策扶持力度不大，要素“瓶颈”制约影响了休闲观光农业的发展。

一、观光休闲农业的基本特性

观光休闲农业是在农业生产内部形成以生态资源保护为基础的新机制条件下，为实现生态旅游产业的高效化、社会化、市场化目标，根据消费者和社会对农业生态资源绿色消费及环保的要求，并结合生态旅游的现状及长远的目标，以各种形式的旅游管理方法为手段，以科学性和规划性的原则制定的带有全局性、长远性、变动性的观光休闲农业旅游规划，实现观光休闲农业的生态系统、经济系统和社会文化系统相协调，进而达到农业可持续发展的目的。近年来，我国休闲观光活动的需求旺盛，休闲观光内容不断丰富，经营模式不断得到创新，休闲观光农业的发展态势看好。

传统农业以直接服务于人类的第一物质生活需要为目的，是稳定国民经济和保障人民生活的支柱产业。除了传统农业为城市居民提供粮、菜、果、肉、蛋、奶及木材、日用品等物质产品的基本属性外，观光休闲农业的最大特点是向居民提供的旅游、休闲功能。二者在产业目的、管理形式、经济效益、环境影响等方面均存在较大差异，就观光休闲农业的属性分析，其休闲功能主要表现在如下5点特性。

第一，观赏娱乐性。其功能主要产生于它的意趣，如让生活在城市离开惯常居住地到农村休闲度假的人了解他们每天都离不开的农副产品是怎样生产和加工制造的；体验千姿百态的绿色植物的形、色、味等多种美感；认识遗传、嫁接、整形等多种手段对各类植物组合的作用等农业生产的情趣。

第二，游客参与性。就是让游客融入农业生产习作中，体验其技艺、乐趣，增长农业知识。其中根据参与的主体和活动的内容与主题又可以分为：无偿型参与、有偿型参与、品尝型参与、夏令营式参与、娱乐型参与、健身型参与等多种形式。

第三，市场局限性。观光休闲农业主要是为不了解、不熟悉农业生产、农村生活的城市游客服务的，而不是为农民服务的，其客源市场主要局限在城市居民。因此，项目经营者必须认识这种市场定位的特点，针对这部分市场开拓定点和定时的休闲服务项目，以发挥最大的市场促销效益。

第四，文化性。观光休闲农业所涉及的动、植物和人文意义的民风民俗等节事活动，都具有丰富的历史、经济、科学、精神、民俗、文学等内涵，这些素材和有形无形的物质载体是策划、配置观光休闲农业游览项目的资料库，只要善于挖掘和利用这些要素更多的文化内容，充分展示这些要素的内涵，就会增强观光休闲农业项目的吸引力，从而产生相应的经济效益。

第五，季节性。尽管科学技术的发展使得农业生产依赖自然环境的程度日益弱化，但是气候、季节等自然条件仍然很大程度地影响到农业生产的进程，尤其是对于我国这样一个土地面积巨大的国家，不同区域城市周边的农业生产条件存在巨大的差异，所以依托农业资源展开的观光休闲农业也表现出强烈的季节性和周期性特征。

二、我国观光休闲农业的发展思路

（一）因地制宜，科学规划

发展休闲观光农业要从长计议、系统筹划，科学制订发展规划。由于各地环境不同，地理因素各异，产业特色有别。因此，在编制规划时，要按照“因地制宜、突出特色、合理布局、和谐发展”和“合理开发、永续利用、保护耕地”的要求，注重区域定位、功能定位、形态定位，避免雷同、重复建设，克服盲目追求高档，贪大求洋，甚至“毁农造景”的现象。做到有序发展、相对集中、规模开发。休闲观光农业规划要与土地利用总体规划、农业发展规划、城市旅游规划、新农村建设规划相互衔接,确保规划的整体性、前瞻性和延续性。充分利用田园景观、村居民舍、乡土风情、农耕民族文化等资源,将农业生产、生活、生态协调融合,使特色农业得到展示,旅游项目得到发挥,环境保护得到加强,实现人与自然的和谐发展。

(二)注重特色,农旅结合

发展休闲观光农业必须要坚持以农业为基础,农民为主体,农村为特色,把农业产业发展、增加农民收入放在首位。项目建设要突出农味,吃农家饭、住农家屋,干农家活、享农家乐,拓展设施栽培、生态养殖、立体种养、种养加一体化等高效生态农业模式的功能,达到游客求变、求异、求新、求特、求美的消费心理。休闲观光农业既是"三农"的延伸,又是旅游业空间的拓展。在强调以农为本的同时,也要重视兴旅,灵活运用"农中有旅,以旅强农、农旅结合,强农兴旅",突出休闲性,增强参与性,体现娱乐性,满足不同消费人群,使游客真实体验到地道的农家之乐。

(三)加强管理,规范发展

发展休闲观光农业,服务是核心,安全是保证,必须规范内部管理,提高服务质量,确保游客身体健康、生命安全。要制定行业管理标准和服务管理办法,做到有标可查、有章可循,构建完善的质量安全管理体系。结合农村劳动素质培训,对从业人员加强农艺知识、菜肴烹饪、食品卫生、安全生产、诚信意识、森林防火等方面的培训,提高其综合素质和服务水准。积极培育和组建休闲观光农业的行业协会、专业合作社等中介服务组织,增强行业自我服务、自我管理、自我约束、自我发展。业务主管部门要经常性地开展检查、指导,实行有效的监督管理,及时化解风险,帮助解决困难,真正打造一批特色突出、经营规范、服务周到、安全卫生,深受游客欢迎的休闲观光农业项目。

(四)优化环境,联动协作

休闲观光农业是时代发展和社会进步的产物,也是一项系统性极强的工程,需要各级各部门的协调配合、联动协作。财政部门要安排专项资金,列入年度预算,重点扶持特色明显、运行规范、前景广阔的休闲观光农业项目,同时要鼓励引导工商资本、民营资本和外来资本投资开发,建立起“政府扶持、业主为主、社会参与”的投入机制。金融部门要优化信贷结构,把休闲观光农业建设纳入支农重点,适当放宽担保抵押条件,简化审批手续,并给予贷款利率和时间上的优惠。农业部门积极创新土地流转机制,按照“自愿、依法、有偿”的原则,采取转让、出租、互换、入股等形式,推进土地规模经营。国土部门要鼓励开发废弃园地、林地、荒山等,盘活存量土地、对休闲观光农业管理配套设施用地实行用地倾斜,其他有关部门都要按照各自的职能,为休闲观光农业的发展提供强有力的保障。

(五)加强领导,强化宣传

发展休闲观光农业是落实科学发展观、走创业创新之路的有效举措,是发展现代农业、建设社会主义新农村的客观要求,也是促进农业增效、农民增收、农村发展的有效途径。各级各部门一定要统一思想,达成共识,创新思路,精心组织,狠抓落实,进一步加强对休闲观光农业的领导。同时,要加大宣传力度,扩大影响,提高知名度。通过各种新闻媒体,及时报道先进典型,发挥舆论导向作用,营造休闲观光农业发展氛围。通过举办或参与各种节庆、节会等活动,搭建平台、设立窗口,展示休闲观光农业风采,扩大市场占有率。通过项目策划包装,打造精品亮点,实施品牌战略,推进休闲观光农业有序、快速、持续、健康发展。

三、我国观光休闲农业的具体发展方向

(一)依托田园和生态景观

乡村田园生态景观是现代城市居民闲暇生活的向往和旅游消费时尚,也是观光休闲农业赖以发展的基础。因此:①在选址上,首先要考虑以周边优美的农村生态景观为依托,并与所规划的观光休闲农业项目特色相匹配。②在规划上,要以农业田园景观和农村文化景观为铺垫。选择园林、花卉、蔬菜、水果等特色作物,高新农业技术,特色农村文化,作为规划的基本元素。③在建设上,既要对农村环境的落后面貌进行必要的改造,同时要注意保护农村生态的原真性。

(二)重视休憩和体验设计

观光休闲农业的客源,在节假日主要是近距离城市休憩放松的上班族,上班时间主要为退休人员,也有业务洽谈和会议选在生态景观和设施条件较好的观光休闲农业景点进行。去观光休闲农业消遣,已经成为不少城市居民的一种生活方式。因此,策划成功的关键之一是如何处理好“静”和“动”,即养生休闲和运动休闲的关系。休憩节点的设计要“静”,所谓“静”就是田园的恬静和农家的祥和,就是要为人们提供恬静休闲的空间和场所。“动”主要是娱乐游憩或农事体验,要做到“动”的项目寓于“静”的景观之中。这样,既能满足城镇居民渴望回归自然、放松身心的休闲需求,又能满足城镇居民科学文化认知的需要,还能延长游憩时间、增加二次消费。

(三)挖掘民俗和农耕文化

要保持观光休闲农业项目长期繁荣兴盛,就应该在丰富观光休闲农业的文化内涵上下工夫。深入挖掘农村民俗文化和农耕文化资源,提升观光休闲农业的文化品位,实现自然生态和人文生态的有机结合。如传统农居、家具,传统作坊、器具,民间演艺、游戏,

民间楹联、匾牌，民间歌赋、传说，名人胜地、古迹，农家土菜、饮品，农耕谚语、农具等，都是观光休闲农业景观规划、项目策划和单体设计中可以开发利用的重要民间文化和农耕文化资源。

(四)突出特色和主题策划

特色是观光休闲农业产品的核心竞争力，主题是观光休闲农业产品的核心吸引力。要认真摸清可开发的资源情况，分析周边观光休闲农业项目特点，巧用不同的农业生产与农村文化资源营造特色。农村资源具有的地域性、季节性、景观性、生态性、知识性、文化性、传统性等特点，都是营造特色时可利用的特性。根据资源特性和项目定位，进行主题策划。

【案　例】

新昌休闲观光农业走出特色路

近几年，新昌在发展农业生产和旅游产业中呈现出新型的休闲农业经营模式，即休闲观光农业。它使农业项目与旅游观光有机地结合，使游客在旅游中尽情地享受农家的乐趣。这种模式前景广阔，魅力无限。

新昌素有“八山半水分半田”之称，地质地貌独特、水文气候具有多样性，动、植物资源丰富多样。特色农业优势产业有大佛龙井、名优水果、高山蔬菜、花卉苗木、特种养殖等；人文景观和自然景观共有300多处，地方民俗特色鲜明，加之良好的旅游市场基础和便捷的交通条件，综合资源优势十分明显。同时，农业产业化经营和生态高效农业快速发展，国家级无公害农产品基地达到35个，已注册农产品商标92个。这些都为新昌休闲观光农业的健康发展奠定了扎实的产业基础。近年来，新昌充分发挥优势，通过加强引导，整合协调，政策扶持，有力地推动了休闲观光农业的发展。

一、休闲农业拉动一方经济

目前新昌已建成或正在启动建设的休闲农业开发项目有20多个。休闲观光农业的发展，不仅增加了休闲旅游景点，增加了农业经济收入，而且促进了农村劳动力转移。据统计，2005年1～11月份休闲农业项目接待游客23.8万人次，收入超千万元。休闲观光农业已成为新昌农业增效、农民增收和旅游经济的有效补充。

新昌休闲农业开发主要类型大致可分为4种：一是体验农园型。如西山果业休闲观光园，通过开发果园、茶园、花圃等，让游客入内摘果、采茶、赏花，享受田园乐趣，达到休闲效果。二是休闲农庄型。县现代水产发展有限公司建设的瑞和度假村、县天姥园艺发展有限公司建设的木樨山庄，集棋牌、餐饮、客房等功能于一体，农庄内不仅有山庄、草亭等园林建筑，还有供游客采摘游玩的百果园，并增添了垂钓、烧烤等设施。游客除了观光休闲，享受乡土情趣外，还可以住宿、度假、游乐。三是农业公园型。如浙东茶叶良种场，把农业生产场所、农产品消费场所和休闲旅游场所结合于一体，成为理想的休闲观光场所。四是森林游乐型。如新昌七盘仙谷林业观光园，以自然森林资源为依托，让游客回归自然，感受清新的空气和大自然的美妙。

二、形成合力发展势头良好

建设休闲农业是一项跨部门、跨行业的系统工程。为确保工作顺利开展，成立县休闲农业发展领导小组，下设办公室，负责协调和督查落实。县发改委、农业、林业、国土、旅游以及县农业和山区综合开发办公室，围绕新昌休闲农业发展的重点，在项目立项、上报审批、资金争取、指标争取上下工夫，积极争取列入省级、国家级休闲农业重点项目。涉农部门积极向上争取政策和资金支持，做好信息咨询、技术服务等各项工作。旅游部门主动做好信息对接、整体推介、服务指导等工作。财税、工商、质监、供电、国土、外贸等部门制订相应的配套措施。金融和担保部门加大休闲农业信贷扶持力度，支持休闲农业发展。

三、制订规划推进休闲农业

根据新昌农业农村现代化总要求，制订和完善《新昌县休闲农业发展规划》，并把休闲农业发展纳入"十一五"农业农村发展规划和旅游总体规划。今后5年，围绕三景（大佛寺、沃洲湖、穿岩十九峰）、三江（新昌、澄潭、黄泽）、三山（天姥山、罗坑山、安顶山），重点培育科技型、创新型、规模型、带动型强的休闲农业项目，着重抓好现代渔业示范园、七盘仙谷观光林业园、西班牙农业风情园、生态植物园、天姥山森林公园、天姥桂花园、茶业博览园、西山名优水果观光园、来益生态农业示范园、芦笋栽培观光园等十大项目，逐步形成具有新昌特色的休闲农业示范带。

四、创新机制促进多元经营

新昌在发展休闲观光农业中，创新机制进一步推进土地依法流转，实现土地承包权与经营权分离，合理配置土地资源，鼓励土地向休闲农业集中，推进规模经营。积极引导走新型农业产业化路子，鼓励民间资本、工商资本以及外资，通过参股、合作、租赁等多种形式，投资建设农庄、公园、游乐场所等休闲农业项目。鼓励与大专院校和科研机构的合作，加快先进技术引进和应用，提高休闲农业的科技含量，实现休闲农业科技化。

五、政策扶持营造发展氛围

新昌出台《关于加强休闲观光农业发展的指导性意见》，明确优惠政策，对休闲农业项目用地视作农业结构调整用地，用电享受农业用电待遇，允许休闲农业企业在不破坏土地地表耕作层的前提下，通过特殊、生态的保护手段建造休闲所需的配套房和生态楼等。为提高服务档次，新昌开展星级管理，对优秀生态休闲农业项目进行星级评估，对被评为旅游A级的休闲农业企业享受市级农业龙头企业优惠，评为旅游AA级的享受省级农业龙头企业优惠。同时，精心策划，营造声势，大力开展休闲农业宣传促销活动，打造新昌休闲农业品牌。

有专家认为，休闲观光农业是一种前景广阔、魅力无穷的行业，对于已取得初步成果的新昌休闲观光农业来说仅仅是开了个好头。新昌将进一步完善规划、科学布局，建设形成“三区六中心一走廊”的休闲农业发展格局，即构筑中部的休闲农业区域、东部的主题农业区域、西部的体验农业区域，建成名茶物流、农耕文化展示、名果名花引繁、观赏鱼繁殖、休闲垂钓、高山康体保健等六大特色中心，形成东西走向弧形放射状的休闲农业观光度假长廊。通过5年的努力，建成一条以县城为中心，东起大市聚，西至镜屏乡，长50公里，覆盖面积500平方公里，年创收5亿元的休闲农业示范带，显示“五彩农业”的特殊魅力，发挥“一线串珠”的集聚效应。

（资料来源：浙江农业信息网）

第四节　信息农业

一、农业信息化的内涵以及发展现状

农业信息化是指信息及知识越来越成为农业生产活动的基本资源和发展动力，信息和技术咨询服务业越来越成为整个农业结构的基础产业之一，以及信息和智力活动对农业增长的贡献越来越大的过程。农业信息化的概念不仅包括计算机技术，还应包括微电子技术、通信技术、光电技术、遥感技术等多项信息技术在农业上普遍而系统应用的过程。也可以理解为，农业信息化是指培育和发展以智能化工具为代表的新的生产力并使之促进农业发展，造福于社会的历史过程。

伴随经济全球化和信息全球化的到来，信息化技术已渗透到

各个行业、各个领域,有力地促进了全球经济与社会的发展。从国际上看,西方发达国家发展较快,发展中国家发展较慢,经济发展与信息化发展已呈正比例关系。西方国家的农业已发展到信息化阶段,欧美国家农业信息已经全面实现了网络化、全程化和综合化,农业信息技术已进入产业化发展阶段。美国农业信息化强度已经高于工业化的 81.6%,德国 17 万农业农户中有 7.5 万农户使用了计算机,有 5.5 万户农户使用了互联网,日本早在 1994 年已开发农业网络,计算机在农业生产部门的普及率已达 93%,日本政府正在实施一项意在 21 世纪使所有农民拥有微机的“绿色天国计划”。从国内来看,我国农业信息化起步于 20 世纪 80 年代,发展于 90 年代,1994 年我国开始启动“金农工程”,其目的是加速和推进农村和农业信息化,建立“农业综合管理和服务系统”。在“十五”期间,我国“金农工程”和农业信息化重点项目包括“农村市场信息服务行动计划工程”、“农业智能化信息管理与服务工程”、“农业卫星定位系统 GPS、农业遥感信息系统 RS、地理信息系统 GIS”农业 3S 应用工程。到目前为止,我国已形成以农业部为中心,连接 31 个省、自治区、直辖市农业厅的信息网络平台,全国 333 个地(市)和 2 800 多个县,90%以上的市、县农牧局都建立了信息服务机构,并且绝大多数还建立了局域网。

二、农业信息化的重要作用

农业信息化是农业适应市场经济的重要途径,是提高农业综合生产能力的有效手段,是政府有效管理农业的重要途径。随着国家政策支持力度加大,信息化将在解决“三农”问题上发挥重要作用,是现代农业进程中的重要突破口。

(一)发展现代农业离不开信息化

在市场经济条件下,农业生产必须以市场需求为导向,根据国内外市场需求的热点及未来发展趋势,生产适销对路的农产品就必须有准确、及时、可靠的信息作保证。农业产业化离不开农业信息,更离不开农业信息化。农业信息化就是充分利用信息技术的最新成果,全面实行农业生产管理,农产品营销,农业科技信息和知识获取处理、传播和合理利用,加速传统农业改造,大幅度提高农业生产效率、管理和经营决策水平,促进农业持续、稳定、高效发展的过程。农业信息化是促使传统农业向现代农业转变的重要途径。

(二)新农村建设需要信息化

现代信息技术广泛应用在农业的产前、产中、产后各个环节,快速有效地改造和提升传统农业,推动农业产业化和现代化进程,因而“生产发展”离不开农业信息化;只有实现了“生产发展”,才能使农民“生活宽裕”,才有经济实力改善生存环境,实现“村容整洁”,所以“生活宽裕”和“村容整洁”离不开信息化;协调农村经济和社会发展,构建政务公开网络系统,促进“管理民主”,需要信息化;利用计算机网、广电网和电信网等多种信息传播方式,为农民提供各种信息服务,开展农村远程教育,“乡风文明”也需要信息化。

(三)促进城乡互动发展需要信息化

2007 年底,我国互联网用户已超过 1 亿,但其中农、林、牧、渔等行业的用户仅占 2.2%,城乡之间的信息鸿沟不仅比经济差距大,而且还在继续快速扩大城乡差距,农民渴望获取信息,但缺乏从网络上获取、利用信息的能力,造成制约我国农村信息化建设的现实因素。在现代农业进程中扎实推进农业信息化建设将促进农村和农业发展,将城市的产品需求信息反馈到农村,信息服务实现小农户生产与大市场的对接,在农村进行农业产业结构调整更加有了明确的指导方向,从而将促进城乡互动、缩小城乡差别、统筹城乡发展。

三、我国农业经济增长集约化必须坚持农业信息化方向

发达国家农业信息化的发展大致经历 3 个阶段：20 世纪 50～60 年代，主要是利用计算机进行农业科学计算；70 年代工作重心是农业数据处理和农业数据库开发；80 年代，特别是 90 年代以来，研究重点转向知识的处理、自动控制的开发以及网络技术的应用。从 20 世纪 50 年代初美国首次利用计算机进行调料问题的研究至今，计算机应用已经渗透到农业的各个方面。目前，欧美国家的农业信息化技术已进入产业化发展阶段。在发达国家，信息技术在农业上的应用大致有以下方面：农业生产经营管理、农业信息获取及处理、农业专家系统、农业系统模拟、农业决策支持系统、农业计算机网络等。农业中所应用的信息技术包括：计算机、信息存储和处理、通讯、网格、多媒体、人工智能、“3S”技术（即地理信息系统 GIS、全球定位系统 GPS，遥感技术 RS）等，概括而言具有以下特征。

第一，网络化。各种形式的局域网和以信息高速公路为基础的广域网用户增长迅速。在美国，众多农业公司、专业协会、合作社和农场，已普遍使用计算机及网络技术。美国已建成世界最大的农业计算机网络系统 AGNET，该系统覆盖了美国国内的 46 个州，加拿大的 6 个省和美国、加拿大以外的 7 个国家，连通美国农业部、15 个州的农业署、36 所大学和大量的农业企业。用户通过家中的电话、电视或计算机，便可共享网络中的信息资源。英国也建立了覆盖全国的农业计算机网络 AGRNET。日本早在 1994 年底就已开发农业网络 400 多个，计算机在农业生产部门的普及率已达 93%，日本政府还在实施一项意在 21 世纪使所有农民拥有微机的“绿色天国”计划。这些先进的计算机通信网络，使农业生产者更为及时、准确、完整地获得市场信息，有效地减少了农业经

营的生产风险。

第二，综合化。既有多项信息技术的结合，包括数据库技术、网络技术、计算机模型库和知识库系统、多媒体技术、实时处理与控制等信息技术的结合，又有信息技术和现代科技，尤其是农业科技的结合，如信息技术与生物技术、核技术、激光技术、遥感技术的日益紧密结合，使农产品的生产过程和生产方式大大改进、农业现代化经营水平也不断提高。比如，欧美国家目前普遍看好一种视频数据检索系统和电视数据检索系统，就是多媒体数据库技术、计算机软硬件技术和网络通信技术的结合。

第三，全程化。信息技术应用不再局限于某一独立的农业生产过程，或单一的经营环节，或某一有限的区域，而是横向和纵向拓展。信息技术企业与农业生产、经营企业联系，科研单位与生产经营单位甚至与用户联合，多学科专家协作的复杂工程越来越多。这些工程全面地改善了农业生产和经营中的薄弱环节，不仅使发达国家农业的原有优势得到更充分的发挥，而且使其原有的劣势逐步改善以至消失，极大地增强了发达国家农产品在世界市场上的竞争力。我国农业信息化尚处于初级阶段，农业领域的计算机应用始于20世纪80年代初。20多年来，信息技术在农业、资源、环境和灾害防治等方面的应用研究取得了许多重要成果。全国已研制开发出一批农业生产优化模拟模型、宏观决策支持系统、农业专家系统、计算机生产管理系统等农业信息技术产品。至2000年底，国家“863”计划实施的“智能化农业信息技术应用示范工程”共研制出5种具有“863”品牌和统一规范的农业专家系统开发平台，10个农业专家系统应用开发框架，突破了10项智能化关键技术，设立了20个智能化农业信息技术应用示范项目，研究开发面向农业不同领域的50个农业专家系统，累计示范应用面积66.67万公顷，辐射推广面积33.33万公顷，增加农产品产量10万～15万吨，节约生产成本6亿～8亿元，取得直接经济效益15亿～20亿元，示范区农业科技进步贡献率平均提高10个百分点。智能化农业信息技术在我国发达和欠发达地区的应用效果表明，农业信息化有利于提高资源利用率，降低生产成本，提高农业进步贡献率，促进农业经济集约化增长，推动农业的跨越式发展。

四、我国农业信息化存在的问题

第一，农业信息服务体系不健全。信息化给农产品销售带来的作用尚未较好发挥，农业信息网络虽然发展较快，但农业信息化建设缺乏必要的指导和引导，信息服务体系尚未完善，农业信息服务体系所需配套条件和市场机制尚未形成，农产品信息资源开发与利用还处于发展阶段，难以发挥重大作用，加上当前我国农村信息化方面的人才严重缺乏，使得农业信息服务很难进军最基层，造成信息的不对称，从而影响整个信息化的实施。

第二，对农业信息化缺乏深入的认识。从总体上看，我国的农业信息化程度还较低，远远赶不上现代农业的发展需求。首先，认识不到位，资金投入不足。尽管多数地方领导已认识到农业信息化建设的重要性和必要性，但对实施方法和所需的支撑体系不够了解，农村基层政府对网络信息资源也存在模糊认识，过分强调缺乏资金、农民不懂、市场太小、流通有限等问题和困难。截至2007年底，全国网站总数已超过80万个，农业网站仅占1.2%。其次，信息化、网络化程度低，信息形成单一，主要表现在3个方面：一是我国虽然已加快了互联网建设，但东南沿海、沿边地区较快，中部和西部地区较慢，要达到省、市、县、乡、村、农户联网，尚有大量工作要做。二是数据库开发，各种应用软件网络化水平低。三是多数农业信息服务站点都集中在大中城市，东西差距、城乡差距明显拉大，没有真正深入到广大基层农业第一线，网络上信息重复现象严重，实用性、时效性差。

第三，农产品生产者素质偏低。农产品生产者未能完全步入农产品的物流中，处于被动地位，成为风险承担者，农业信息网站还不能提供农民真正需要的服务，不能产生联动效应，大部分农业信息网站提供者不具备提供信息资源的优势，资源拥有者与网站建设者信息不对称。

第四，农村信息组织与管理基础较为薄弱。这是农业信息化建设中最薄弱的环节。目前，农村基层在信息组织建设方面的问题主要有以下两个方面：一是缺乏农业信息专业机构和专业人员，信息技术人才和服务人员数量匮乏和素质低下。虽然各个县(市)、区都设有农业信息机构，但是这些机构基本上是虚挂在其他职能部门上，很少发挥实际作用。机构的缺位带来了人员的缺乏，再加上工作人员平时多疲于应付各类报表、总结、住村蹲点以及其他行政事务，无暇顾及面向农民的农业信息问题。由于从事农业信息化服务的人力资源严重匮乏，农业信息缺少必要的加工，我国农村信息技术产品和信息服务产业化水平低，农业信息产品质量差，也给开发和维护农业信息系统带来了很大的困难。二是农村信息组织管理、服务不规范。农民普遍反映，农业信息流转中广告宣传乱和信息收费乱的两大问题。对于这种农业信息流转的混乱现象，政府还没有建立起系统有效的管理体系和机制，许多政府部门虽然可以参与其中某些方面或环节的管理，但是却没有一个部门可以明确地承担起全面管理的责任。

第五，农业信息流转渠道不健全。信息流转渠道不健全主要表现在以下几个方面：一是农村信息基础设施不完善，信息技术落后。近几年，农村通信基础设施建设有了很大发展，电视和电话的普及率大幅度提高，但是从整体上看，基础设施建设的发展还很不平衡。农村落后地区，尤其是山区农村的信息基础设施还很不完善，电视、电话普及率依旧很低，有的不足10%，信息网络的建设还远远没有提到议事日程上来，我国农村还没有形成完整的信息技术支持体系和发达的农业信息网络，这主要是由于硬件投资不足导致了信息技术上的“瓶颈”。我国农村，尤其是县、乡以下的信息网络发展缓慢，导致信息不能快速、及时地传递给农民和不能实现信息资源共享，造成农民经济利益的损失。二是农业信息流转缺乏主流渠道。虽然通过政府、电台、电视台、报纸等媒体传播的农业信息似乎已经足够多，但是其中传播的大部分信息都是一般性的信息，针对性不强，难以对农民的生产经营决策产生具体的指导和帮助作用。因此，我国农业信息渠道尚且缺乏可靠和管用的主流渠道。三是农业信息流转体系尚不健全。健全的信息流转体系应当是一个严密的体系，包括农业信息的收集、加工处理、筛选、发布、存储、反馈这样一些基本环节在内，只有这样信息的流转才是准确、有效的。但是目前的情况看，完整的农业信息流转体系尚未在我国形成，许多环节和功能还不健全，其中最突出的是信息收集和加工筛选环节的功能缺乏，而且在农业信息的流转过程中，信息传递方向单一，缺少与农民之间的交流和互动，因而所提供的农业信息难以满足实际的需要。

【案　例】

欧盟信息化服务模式对中国的启示

一、农业信息服务是政府的主要职能之一

收集、加工、分析、发布农业信息，根据农业信息制定政策，指导农业生产和经营，降低农业风险，是政府的主要职能之一。欧盟农业信息服务提供者既有官方机构又有非官方机构，但以官方机构为主。欧盟官方农业信息服务属于公益性质，资金投入主要来源于财政支持，不向信息使用者收取费用或者仅收取较低的成本费用。

二、农业信息要可靠，要进行科学加工和分析以形成全局性的指导生产和经营的意见

信息质量直接决定着信息使用者决策的准确性。欧盟从信息收集完毕到信息发布整个过程共需要15个月，其中要经过标准化处理和信息的反复校正，以保证信息质量。欧盟在《Guidelines for Measuring Statistical Quality》中规定的信息标准是：相关性、准确性、及时性与准时性、可获取性、清晰性、可比性和一致性。以法国为例，为了保证农业信息采集质量，法国严格选拔信息采集人员，拥有会计师资格才能入选，而且各区农业部对入选人员进行专题培训，还要求信息采集人员必须到农场主家里填制各类数据收集表。法国信息法规还规定，农场主必须如实填报生产经营情况，违者按偷税论处。

值得指出的是，欧盟不但重视农业信息采集质量，更重视对农业信息的分析，尤其是中长期农产品市场走势预测做得很到位，深受农产品生产经营者欢迎。比如，2003年6月欧委会农业理事会在《Prospects for Agricultural Marketsinthe European Union 2003～2010》中对欧盟15国以及欧盟东扩后25国的主要农产品走势进行了分析和预测。这份预测报告对欧盟各国农作物、肉类和牲畜、奶类和奶制品的供给量、需求量、进口量、出口量、库存量、欧盟市场干预量等进行了全方位预测。

三、农业信息服务以官方为主，鼓励市场机构的参与

官方机构是欧盟农业信息服务的主体，但是欧盟鼓励更多的市场机构参与农业信息服务和风险防范，农业协会（包括行业组织、农业商会等）、农产品期货和保险机构提供的信息服务是欧盟官方农业信息服务体系的重要补充。

欧盟农业协会、行业组织和农业商会很多都是半盈利、半公益性质的。他们运营资金一部分来源于各国政府的补贴，一部分来源于成员会费和社会捐助，还有一部分来源于向组织外部提供信

息服务收取的费用。这些协会和行业组织从各个渠道收集对本组织有用的技术、市场,法规、政策信息为组织本身及成员使用,其信息发布渠道一般是定期会员刊物、传真和因特网(很多行业协会的网站提供在线咨询服务)。行业组织、专业协会等提供的信息服务属于成员自助、自我服务的性质,一般仅向会员收取成本费。其他盈利性私人机构提供的农业信息服务,通常是在信息服务成本和社会平均利润的范围内收费。

除了为农业协会的成立提供补贴以鼓励农业协会发展外,欧盟目前正大力促进农产品期货市场和农业保险市场的发展。相对于美国而言,欧盟期货市场和农业保险市场发展较为滞后。期货市场发展滞后的原因在于,期货主要是通过价格波动套利的,欧盟农产品价格干预政策降低了农产品价格波动,因此欧盟已经着手对其农产品价格干预政策进行改革。欧盟农业保险市场发展落后的原因主要在于农业保险的系统性风险比较强,而且农业保险信息的获取较为困难,涉及较强的道德风险问题。

欧盟希望,通过大力扶持农业协会、行为组织和农业商会,使农业信息服务向市场化方向发展;通过发展期货市场,使更多的农产品生产经营者,尤其是大型农产品经营企业和进出口企业得以通过期货市场进行交易和保值,从而降低价格波动导致的价格风险;通过建立农产品保险市场,农户可以通过保险降低自然灾害、作物病虫害、动物疫情等造成的产量风险。

四、不断增强农产品生产经营者的信息意识

欧盟农产品生产经营者获取农业信息的主动性很强,比如仅《法国农业》杂志的订户就约占法国农场主的40%。由于农业生产经营者信息意识很强,所以欧盟很多报纸和期刊都免费刊登各类农业信息以增加报纸和期刊的销量。

(资料来源:《世界农业》,2006.1,作者:白丽,马成林,于泠)

五、对我国农业信息化建设的政策建议

(一)以政府为主体,完善我国农业信息服务体系

要为农村提供有效的农业信息,必须有各级政府的政策支持。政府应加大财政投资,完善农业信息服务体系。政府不仅在农业信息基础设施建设方面,有责任、有义务注入资本,同时也应投入资金为农村信息服务机构培养高素质的人才,保障高质量的农业信息服务。

(二)充分利用财政资金,加强我国农业信息基础设施建设

要充分利用国家和地方财政资金,鼓励全社会向农业投资,走多形式多渠道引进外资的路子,加快农业基础设施建设。以农村的道路、电网、通信、广播、电视和农产品市场设施建设等为重点,做到村村通电、通邮、通话、通广播电视以及引进网络,以推动农民信息需求的增长,方便农民对农业生产信息、经营管理信息、农产品市场信息的获取和利用,加快农业信息的传播与交流。

(三)积极开发农业信息资源,拓宽我国农业信息服务的范围

农业信息人员要不断增强信息的商品意识,根据农业信息市场的特点,积极开发农业信息资源,生产出适合农民具体需要的信息产品。在产品开发上除保持原有的传统产品外,还要对信息产品进行二次、三次深加工,开发出具有农业特色的数据库、实物信息产品,及时向各类农村用户提供适合于农村市场经济需要的新信息。各级农业信息网以及为农民和农村提供信息技术、信息产品和信息服务的组织、机构应当拓宽视野,以整个地区的综合发展为目标,收集、加工和传播与本地区全面发展有关的各种信息。不论是哪种信息传播媒介和形式,都应该加强农产品市场供求信息、技术供求信息、价格信息、市场形势分析、前景预测、政策法规等对农民从事农业生产和其他投资行为具有指导性的信息。

(四)拓宽信息传递渠道,扩大信息覆盖面

县直相关职能部门要积极争取各方面的支持,充分利用电信网络、广播电视、报刊等媒体,建立多渠道、多形式、多层次的信息发布窗口,强化信息发布工作。建立健全信息管理制度,实现规范化管理。结合本县农业产业化的实际,建立严格的信息采集发布的标准与制度,明确市场信息的内容、范围、时间、方法和责任,保证信息的及时性和真实性。除制订对乡镇农业市场信息收集发布的有关制度和管理办法外,还应制订对信息员和其他信息编写人员的奖励办法,充分调动信息服务站和信息员报送收集信息的积极性,强化科技人员信息采集意识,举全县农业科技力量,营造一种广泛宣传现代农业和农业产业的氛围,确保全县信息化建设有序高效实施,逐步建立信息分析和预测制度,强化信息资源的深层次开发和利用,增强信息引导的科学性和有效性。

(五)加强信息员培训,不断提高农民素质,增强农民利用农业信息的能力

加强对信息员的培训,不断提高信息员的写作、操作宣传能力,以点带面,带动全县科技人员积极投入到信息采集、发送中去,更好地为农业、农村经济和农民服务;充分重视农村的基础教育,创造条件在中小学开设信息课,使他们掌握计算机操作技术,充分重视农业职业教育工作;在农业职业教育课程设置中应设置计算机课程,充分重视农民技术培训,切实提高农民素质,提高农民的信息意识和利用农业信息网络的能力,掌握市场信息动态,使信息真正转化为经济效益。

另外,在现阶段,基层政府只有通过行政渠道,利用行政手段进行宣传、引导、教育和帮助农民。根据各地实际情况,探索合适的方式把农民组织起来上网,这是基层政府的一项重要职能。引导信息员、农业产业化龙头企业、种植养殖大户和农村经纪人带动农民上网,是切实可行的办法,构建乡镇、村委会、自然村信息网络。切实解决县以下到自然村的信息服务问题,是切实推进农业产业化和社会主义新农村建设的重要举措。

【案　例】

欧盟农业信息化服务模式

一、欧盟的农业信息服务

欧盟农业信息服务主体既有官方机构,又有非官方机构,但以官方机构为主。欧盟官方农业信息服务机构主要有,欧洲统计局、欧盟农业委员会、农场会计网委员会和农业理事会。欧洲统计局是欧盟的四大决策支持机构之一,欧盟农业委员会、农场会计网委员会和农业理事会均隶属于欧盟委员会。

1. 欧盟农业信息收集机构及职能。欧洲统计局(Eurostat)和农场会计网委员会(FADN)负责欧盟农业信息收集和标准化处理。他们在欧盟各成员国设有联络处收集农业信息,其设计的调查问卷非常标准,便于成员国之间比较。联络处在收集农业数据时,经常与当地农业科研机构合作。联络处可能亲自拜访样本农户汇集信息,也可能把调研任务发包给当地会计事务所、大学、农业协会或其他机构。

各国联络处收集的信息与各国农业部门汇集的信息一起上报欧洲统计局和农场会计网委员会,欧洲统计局和农场会计网委员会严格检查和标准化处理后上报欧委会,欧委会以官方名义发布。表 1 总结了欧盟 1998—1999 会计年度的农业信息审核程序。

农业委员会是欧盟农业信息分析和加工机构,其职能是密切监控农产品市场并从市场获取实时信息,但农业委员会不对外公布这些信息,而是直接加工、分析信息,形成全局性的指导意见并调控市场,以降低农产品价格风险和产量风险,维护欧盟农产品市场的稳定。

表 1　1998—1999 会计年度欧盟农业信息审核程序

截止时间	审核程序
1999.6.30	欧盟全部成员国完成农业信息统计工作，Eurostat 和 FADN 设立在各成员国的联络处利用 9 个月时间审查和校正其所在国的农业数据
2000.3.31	各国联络处将初审完的数据上报欧委会，Eurostat 和 FADN 各联络处会同欧委会利用 1 个月检查全部农业数据并进行标准化加工
2000.4.30	欧委会标准化处理后转交 Eurostat 和 FADN 设在各国的联络处再次核查，Eurostat 和 FADN 各国联络处利用 2 个月核查标准化和专业处理后的农业数据
2000.6.30	联络处将核实后的数据上交欧委会，各联络处和欧委会利用 3 个月时间进行最后校正并制作权威性、格式标准的信息
2000.9.30	欧委会发布农业信息供用户检索和使用
欧盟信息审核程序共需 15 个月(1999.6.30 至 2000.9.30)	

(资料来源：欧盟农业委员会)

(1)农业委员会降低农产品价格风险的基本做法。在每个营销年度之初，农业委员会即为该年度农产品制订 3 种价格：指标价格(理想价格)、最低价格(进口农产品在欧盟市场销售的价格底线)和干预价格/保证价格。农业委员会密切监控农产品市场，若农产品实际售价低于干预价格，其设在各国的干预中心(欧委会派出机构)就有义务以干预价格收购农产品。此外，在农产品集中上市的季节，农业委员会还向生产者或商人发放补贴，使其将农产品贮藏一段时间后再上市，以保证农产品市场供给量稳定，降低价格波动风险。

(2)农业委员会降低农产品产量风险的基本做法。根据本营销年度农产品的市场状况，农业委员会向欧盟各成员国发布下年农产品产量配额以控制各类农产品产量，降低剩余农产品贮存量。各成员国超过配额的产量由该国农产品生产者额外纳税。

2. 欧盟农业信息发布机构及职能。农业理事会是欧盟主要的信息发布机构，其发布各类农业信息的程序为：分析农业数据（数据来源：Eurostat、FADN 等）→撰写报告草稿→欧委会农业委员会审议通过→欧委会许可→发布农业信息（以电子、传统出版物或新闻发布会的形式）。

农业理事会主要信息服务项目有：政策报告、新闻发布、农产品市场形势和预测、农产品市场价格公报、农业统计信息和研究报告。欧盟每年提供 4 份农产品市场价格季度报告和 1 份年终综合报告，这些报告均以英、法、德、意等 6 国语言撰写。

根据前述讨论，表 2 总结和对比了欧盟主要的官方农业信息服务机构职能分工。

表 2　欧盟官方农业信息服务机构职能分工

项　目		欧洲统计局农场会计网委员会	农业委员会	农业理事会
信息服务方式	收集信息	·	·	
	加工信息	·		·
	发布信息	·		·
	市场调控		·	
信息服务类型	全面信息	·		·
	具体信息		·	
信息服务侧重点	生产数据	·		·
	市场信息		·	·

二、欧盟农业信息的主要使用者

欧盟政府和农产品生产经营者（农场主、农产品加工企业等）

都是欧盟农业信息的主要使用者，但在这两者中又以政府使用为主，政府通过分析各类农业数据制定农业政策和法令，并对市场进行宏观调控。除政府外，欧盟农产品生产经营者也是农业信息的主要利用者之一，这些农场主和企业家主要通过订阅农业期刊、报纸和利用因特网获取信息。

三、欧盟农业信息服务渠道

虽然杂志、报纸以及传真（传真的主要使用者是欧盟各类农业专业协会，在向会员传达信息时使用）等传统的信息传播媒介仍是欧盟为农业生产者提供技术信息和市场信息的重要渠道，但越来越普及的网络对欧盟农业信息服务方式产生了重要影响。欧盟许多知名农业杂志都有自己的域名，比如英国最受欢迎的杂志《农场主周报》的域名为 http://www.fwi.co.uk。

欧盟农业信息服务网站提供的服务类型主要有：①农产品市场价格走势，比如农业在线（http://www.agCentralOnline.com）以提供市场价格走势为主。②气象预报服务，代表性网站为英国的环境、食物和乡村事务部（相当于中国农业部）的网站 http://www.defra.gov.uk。③科技信息，比如家畜改进公司网站（http://www.lic.co.nz/index.html）提供有最新的新西兰奶牛基因工程、人工繁殖、牛群测定、饲养管理等方面的信息。④专家在线咨询，比如 http://www.directag.com/directag/expert 提供农艺学家、牲畜养殖顾问和奶牛专家与农户在线交互式服务。⑤提供各类农产品生产经营和管理工具，比如 http://www.AgrNet.ie 为农业生产者提供各类农产品经营管理软件和各类表格；http://www.foi.co.uk/live/markets/mlcfront.html 为牛肉经营者提供牛肉收益率计算软件等。

（资料来源：《世界农业》，2006.1 作者：白丽，马成林，于冷）

第三章　各地区都市型现代农业发展模式

第一节　国际都市型现代农业发展概述

一、我国借鉴国外发展都市型现代农业的必要性

国外都市型现代农业研究始于 20 世纪上半叶，率先出现于欧、美、日等发达国家，至今已积累了相当多的经验。我国都市型现代农业的实践始于 20 世纪 90 年代初期的城郊农业，最早将都市型现代农业纳入城市发展规划的是一些经济发达的大城市，如北京、上海、深圳等。经过近 20 年的发展，都市型现代农业现已成为我国各大城市发展的主题，呈现出良好的发展态势，其中尤以地处环渤海湾地区、长江三角洲、珠江三角洲地区的北京、上海、珠海和广州等地发展得最好，已取得显著成效。但是，由于我国是一个地域差异巨大的国家，未能在真正意义上使其得到全面、健康发展。因此，我们有必要借鉴其他国家的成功经验，充分利用都市型现代农业来保障城市居民的食物供应和收入增加，并不断改善城市的生态环境，为城市居民提供良好的观光、旅游和休闲场所，使城市居民能重新体验到与大自然和谐相处的乐趣。

二、国外都市型现代农业发展概述

国外都市型现代农业已有近百年的历史，特别是 20 世纪 70 年代以来发展很快。据 1994 年统计资料，世界总人口的食物中有 12%左右是由都市型现代农业生产提供的，都市型现代农业在经济、生态等方面发挥着越来越重要的作用。总结国外都市型现代

农业发展的实践，有几个共同的特点：国际性大都市农产品的生产和消费符合国际市场的要求；集各国多样化优质农产品，从种类、品种到花式，应有尽有，多种多样；国际性大都市的农产品市场竞争激烈，优胜劣汰；各国都市型现代农业以专业化、集约化生产的品牌产品为主，进行交换；各国都市型现代农业生产及科技水平比一般地区高，人才、资金、信息有很强优势，并且有强大的辐射作用；都市型现代农业规划与布局、环境治理与生态环境建设都放在十分重要的位置。

目前，大家普遍认为都市型现代农业起源于 20 世纪初德国的市民农园。1935 年和 1950 年，日本学者青鹿四郎和美国农业经济与城市环境学者欧文·霍克相继提出都市型现代农业这一概念。目前，这一概念已被正规和非正规产业部门广泛使用。国际都市型现代农业组织、世界粮农组织和联合国计划开发署对都市型现代农业较为认同的定义是：都市型现代农业是指位于城市内部和城市周边地区的农业，是一种包括从生产（或养殖）、加工、运输、消费到为城市提供农产品和服务的完整经济过程，它与乡村农业的重要区别在于它是城市经济和城市生态系统中的组成部分。融入城市系统是都市型现代农业持续存在的关键所在，也是都市型现代农业在技术、经济方面的影响比乡村农业更大的关键原因。

从农业和城市发展的依存关系来看，都市型现代农业并不特指某个农业形态，而是强调农业和城市共生的发展理念。都市型现代农业的发展，或者说 20 世纪 80 年代以后，都市型现代农业受到重视的原因是因为都市型现代农业成为提高农产品品质，保障食品安全的有效途径；都市型现代农业满足了城市对环境、资源和精神生活的需要；都市型现代农业为城市和乡村空间合理配置，多功能、多尺度利用农业、农村资源，加强城市和乡村交流、加速城乡一体化发展进行了有益的尝试。具体来说，都市型现代农业可以为食品提供重要的或有益的补给，提供种种环境利益，为失业者提供就业机会;为城市低收入者提供生存战略,提高社会公平和女性参与性,在都市型现代农业发展中有效使用废水,为城市居民提供精神享受的场所和农耕学习机会等。所以,都市型现代农业的发展跳出了农业部门的局限,在努力使农业得到大力发展的同时,从多方面促进城乡的整体健康发展。

然而,各个国家由于农业基础、城市特点及其发展的轨迹不同,都市型现代农业有着不同的发展内容和模式。因此,有必要从农业产业结构、组织方式、物流管理和营销特点等方面,对不同国家都市型现代农业发展的实践和经验加以总结和抽象,以便为我国都市型现代农业发展提供有益借鉴。

第二节　日本都市型现代农业发展模式

自 20 世纪 50 年代中后期以来,日本经济迅速崛起,振兴重工产业发展的政策方针促成了大规模的城市化进程急剧且无序地扩张,最终形成了以东京为中心的首都圈、以名古屋为中心的中部圈和以大阪为中心的近畿圈的三大都市圈。伴随城市化进程的加剧,分布在都市圈内各大城市周边的都市近郊农业被城市包围,面积不断缩小,形成了"都市型现代农业"这种新型农业形态。

1968 年日本政府出台了"新都市规划法",将城市用地划分为"城市化区域"及"城市化调整(预备)区域",对城市化区域内的农用耕地征收与建筑用地相同的税金。为此,在日本的农业研究领域围绕都市型现代农业的概念、位置、存在的意义等展开了激烈的讨论。特别是针对三大都市圈内特定城市的城市化区域内农耕用地土地税率问题的攻防,不仅限于都市型现代农业的理论,在政策论、运动论层面也要求都市型现代农业的位置和存在的意义明确化,因此这个时期的都市型现代农业研究带有很浓厚的政策色彩。

作为经济高度增长的代价,环境破坏、公害问题严峻,都市型现代农业被重新认识，特别是日本加入 WTO 以后，农产品进口数量的增加，基因重组、农药残留等农产品安全问题受到越来越广泛的关注。1999 年出台的“食料·农业·农村基本法”中首次记述了都市型现代农业的重要性，对都市型现代农业看法发生了很大的变化，不仅仅局限于粮食生产功能，环境改良等其他多方面的功能也受到了肯定和推崇。

纵览近年我国的经济发展状况，特别是东部沿海大城市的发展，与日本有着类似的城市化发展和农业生产特性，了解日本都市型现代农业发展过程、理论及政策特征，学习其发展过程中成功失败的经验教训，对我国现阶段都市型现代农业的发展有着十分重要的借鉴意义。

一、日本都市型现代农业的背景和主要做法

(一)历史背景

日本的都市型现代农业，指包含在都市内的农业区及都市近郊的农业。都市型现代农业发展始于 30 多年前的千叶县松户市常盘平地区，当时有部分农民反对将其农用土地变为建设用地，反对的理由是为了保留农地，并继续从事农业经营。最后，政府将 15 127 公顷农地保留下来继续经营农业，同时还有横滨市大寺町、熊本市邻近的菊阳町、爱知县的常盘市等地，而后逐渐遍及全国各地。农民反对将农地变为建地的这一做法，引起了日本政府对都市型现代农业的重视，并使得农业在都市得以保留和发展。在东京，农田和农家有 20%以上分布在城市中，实现了城乡融合、城乡一体。

保留在都市中的农业并没有给农民带来丰厚的收益，于是有的农民利用部分农田建造别墅出租；有的顺应都市车辆的快速增加把农地改建成了停车场；继续维持农业利用方向的农地，改变以往单纯的产品生产型经营方式，寻求一种新的发展道路。另一方

面，飞速发展的经济也带来了“城市病”，在这种情况下，都市人渴望充实的精神生活，希望有更多的休闲活动。开始时，公园式的绿地就可以满足这种需要，但是当人与自然的关系愈来愈不协调时，公园式绿地就远远不够了。于是，观光农园、市民农园等“休闲型的都市型现代农业”应运而生、迅速发展起来，深受都市居民欢迎，农民也因此获得了较高的收益。日本农业的都市化具有多种功能：①提供都市居民所需的生鲜农产品。以东京为例，有 12 000 公顷农地，27 000 户农家，其中专业农家占 15%，这些农家提供了约占东京批发市场 50%左右的蔬菜。②绿地的功能。有关调查显示，邻绿地的住宅估价高，农地因有耕种活动估价更高。③防灾及灾害发生时的疏散空间。④市民农园、学童农园等为市民接触农业提供了最佳场所。⑤农地为未来都市发展预留空间。⑥农业在都市中属最佳职业之一，在多样化的职业中农业是最有趣和最有活力的产业。⑦农地是弥补都市设施单一化的重要空间。⑧在建设有“农”的都市理念中，农业以其重要角色给都市带来温馨与魅力，而被称为都市的“后花园”。从现代化都市的建筑、文化、景观、公园绿地、行道树、休闲生活广场、田园等多方面的综合需要来看，没有农业的都市势必缺乏生机与活力。

【小知识】

日本都市型现代农业经营形态

在日本，都市型现代农业成效非常显著，有多种经营形态。市民农园，由市民承租耕作，承租者可种植花、草、蔬菜、果树或进行庭院式经营，以享受耕种与体验田园生活的乐趣。银发族农园，是日本专为 65 岁以上的退休“银发族”开辟的，目的是让高龄化社会愈益增多的银发老人，获得规律性与回归自然相结合的健康生活，体验耕种、收获、享用农产品以及把产品馈赠他人的快乐。农业公园，日本于20多年前开始建设，将农业生产场所、农产品消费场所和休闲旅游场所集于一体。农村留学，为培养青少年坚韧、朴实、健康、有正义感的人格，许多日本市民把子女送到农村就读小学和中学，并参与农场作业、农村社区活动等。

（资料来源：解放日报）

(二)主要做法和经验

日本都市型现代农业的发展目标主要有3个：一是建设有"农"的都市；二是提升都市环境品质；三是增加农民收入并提高其社会地位。为推动都市型现代农业的健康发展，日本各级政府将其列入施政计划，积极辅导支持，有关专家学者更是用心研究探讨。主要做法和经验是：①主要的大中型城市，均将都市型现代农业列入政府年度计划予以推动。都市型城市的农协与农业推广普及的相关部门，均将都市型现代农业列入主要工作计划。②政府制定"日本市民农园整备促进法"，并订有"生产绿地法"予以配合。日本制定了有关的法律法规，对都市型现代农业实行严格的管理。对产业的培育主要依靠市场调节和合作组织推动。③以企业为主体，充分适应市场需求。农协对企业发展趋势进行预测并提供优质服务，引导金融支持。中介机构提供比较客观的市场信息和市场预测。④依靠合作经济组织，推广应用高科技，改造和提升农产品品质。市场销售主要通过合作社完成，合作社的监督规则比较完善。

二、日本多功能性农业

20世纪80年代末至90年代初，农业多功能性最先出现在日本的"稻米文化"中。随后，这一概念又相继出现在《21世纪议程》、《罗马宣言和行动计划》等联合国文献中。农业的多功能性，一般是指农业部门除了生产粮食等农产品外，还为实现其他目标做出努力，体现农业的多种社会功能。多功能性体现了农业与其他产业的不同，即农业是一个特殊的、需要保护和发展的产业，它除了确保粮食和其他农产品的供给之外，还发挥着防止洪涝灾害、涵养水源、防止土壤侵蚀和水土流失、处理有机废弃物、净化空气、提供绿色景观和自然景观，以及传统文化的继承等多方面的作用，农业正在承担着日趋重要并不断扩大的社会、经济与生态等方面的功能。农业多功能性的发展不但可以缓解当前农业和农村经济发展中的环境问题，而且也可以带来可观的经济效益。因此，农业的多功能性既是农业历史进步的结果，也是当代农业进一步发展的必然方向。目前，欧盟、日本和韩国等国已经接受并在逐步实现农业的多功能性，这一保护国内农业和农产品市场、维持高度农业保护政策的重要理念。

与传统产品生产意义上的生产性农业相比，多功能农业从内涵到结构均已发生重大而突出的变化。从日本等发达国家的实践看，多功能性的农业作为一个全新的理念和一个崭新的农业发展模式，具有以下几方面的突出特征。

(一)新型的集约化经营取代了传统的农业增产措施

集约化经营是20世纪世界各国农业发展最为重要的一项内容，就是用机械化代替人力和畜力，以化肥、农药等化学物的普及应用和大量投入作为农产品产量增加的基本手段，这造成了严重的环境污染与生态破坏。而新兴的多功能农业的集约化经营，从内涵到措施都发生了重大改变，各种生物技术的应用与推广取代了化肥、农药的大量使用，缓解了农业发展的环境压力。

(二)多功能性农业的内涵与外延出现重大改变

在内涵方面，农业生产中用于满足人们基本生活需要的各种农产品的比重在不断减少，而用于人们现代消费、工业原料或出口创汇的各种农产品生产，以及用于恢复和维系自然生态平衡、保护自然环境的农业活动的比重则明显上升。在外延方面，不仅农资供应、农业基建、农产品收购、加工、贮藏、运输、农技推广、人员培训、信息咨询等为农业生产提供直接服务的各种经济活动迅速发展，所占比重不断提高，而且休闲农业、观光农业、旅游农业等可满足国内外居民消费需求的新型产业也迅速崛起。

(三)多功能性的农业与其他产品部门的融合空前紧密

推动和促进与农业关联产业（包括产前关联产业、产中关联产业、产后关联产业）部门的更快发展，既是发展多功能农业的出发点和重要目的，也是多功能农业发展自然延伸的必然结果。随着多功能农业的发展，农业与其他产业部门紧密结合、互进互动的一体化生产体系迅速形成。

(四)多功能性的农业作为一个社会公共部门的属性日益明显

多功能农业的受益者首选是整个社会，其次才是农业的经营者。这就意味着农业问题不再是或不仅仅属于微观经济范畴，而是或者首先是一个宏观经济问题；随着其产业经济部门的属性的不断弱化，农业正日益成为一个社会公共部门。从这个意义上讲，农业是一项公益产业，存在着很强的外部性，农业对我国的贡献绝不仅仅是GDP的问题，因此它需要全民的关注，需要各方力量的扶持。

三、日本多功能性农业对于我国的启示

日本重视农业的多功能性发展，政府在多功能性理念的确立和实施上付出很多努力，并已取得了明显的成效。日本的发展经验对我国都市型现代农业，特别是经济发达地区的大中城市农业的发展有着诸多启示。

(一)坚持农业基础地位不动摇

日本强调农业多功能性，而我国强调农业基础地位，虽理念和提法有所不同，但都是基于本国实际确定的基本发展方针，其含义都是强调农业的重要作用。纵观日本农业现代化进程，就曾有过

忽视农业的深刻教训，在其经济高速增长阶段的一个相当长的时期内，日本没有随形势变化，对农业的要求和目标定位做出及时的调整，致使农业作为国民经济基础十分脆弱，国内粮食等农产品的自给率不断下降。为了扭转这种局面，进入21世纪后不得不花费更大努力和代价。对比我国，一些经济发达地区也有过忽视农业，导致农业基础不稳，不仅不能满足本地居民对农业的要求，并波及国民经济稳定发展的教训。因此，我们认为，确保大中城市一定的主、副食品自给，不仅关乎食物安全和国家安全，而且关系国民经济的发展。巩固农业基础地位不仅是确保大中城市主、副食品稳定供给的需要，也是维持农业与国民经济协调发展的需要。这一规律不仅适用于纯农业地区，也适用于城市化地区。大中城市的农业所占GDP份额虽小，并不意味着农业基础地位的改变。即使农业占GDP份额降到1个百分点以内，但它的作用却是“百分之百”的。

(二)根据区域特点，发挥农业不同的功能和作用

围绕多功能的理念，日本提出各种农业产业的最适合生产区域和生态区域，并视之为提高农业生产率和增加农民收入的必要条件。在日本，水稻、经济作物、果树、畜产、设施园艺等都已形成地区性专业生产布局。这种方式在我国这样的各地社会、经济、自然情况差别很大，各区域特点更为明显的国家，应该加大推广力度。因此，应充分发挥地区比较优势，优化农业区域布局。但是经济相对发达的大中城市地区在充分发挥社会、经济的区域优势的同时，也要注意吸取日本的经验和教训，防止出现二、三产业发达而农业萎缩的局面，在农业的发展中实施“走出去”战略，努力发展高科技农业和外向型农业，争取率先实现农业现代化。

(三)兼顾保障供给、农民收入和环境保护三大目标

农业发展目标的确定是农业现代化道路选择的基本前提，也为政策和定位确定了基调。在国民经济不同发展阶段，由于农业发挥的作用不同，因此其目标结构也不同，其变化遵循从单一目标向多目标过渡的一般规律。从日本的情况看，在战后恢复时期、旧基本法时期和新基本法时期，农业发展的主要目标分别定位在增加农产品产量、提高农民收入和发挥农业的多功能性上。这种定位侧重点的变化是与国民经济的整体要求相适应的。事实上，我国从 20 世纪 80 年代强调有效供给的增加，到 90 年代初提出农民收入目标，到现在提出农业的生态功能，也反映了这一规律。日本农业在旧基本法时期片面追求收入目标，而忽略了供给目标，而且收入目标的实现又是以兼业化和政府高补贴实现的，这又进一步削弱了农业的发展能力。日本在这方面的经验教训对我国特别是经济发达的大中城市具有重要的借鉴意义。这给我们的启示是：农业发展的三大目标间存在替代关系，因此在任何时期，对这三大目标均不可偏废。在小规模农户基础上，如何兼顾保障供给、农民收入、环境保护，实现我国的农业现代化是一个极具挑战性的问题，我国大中城市的农业只能从“国情”、“市情”出发，开创自己的发展道路。

(四)十分注重农业科研和教育

日本十分重视对农业科研和教育的投入，尤其关注农产品的品质和食物的安全性生产，制订了新的农业科技开发目标，旨在推进提高作物品质与省力、稳定的种植技术以及生物技术的开发研究，并力图以技术集约为标志，继续在世界农业发展史上占据一席之地。目前，我国科研与教育仍严重不足，为了适应农业科技发展的要求，应该重点加强农业教育，其主要方式有两点。一是开展职业培训，通过实施绿色证书工程，培养骨干农民和一批农业企业家，塑造一代新型农民，提高亿万农民整体素质。二是开展全民教育，充实学校教育与社会教育中有关农业的内容，为城市居民提供更多的体验农业的机会，使其加深对农业的理解与关心。同时，借鉴日本小学、中学开设农业体验学习的做法，着眼于下一代培养，让国民从小就能体验农业，增强对农业的热爱。

(五)加强对农业的支持与保护

日本对农业的支持和保护程度很高，是世界上少有的对农业进行大力度保护的国家。日本政府每年对农林水产业的总预算额一直保持在3万亿日元以上。近年来，日本政府对农业的财政投入更是达到了农业GDP的50%以上。虽然我国经济发达的大中城市对农业财政支持的总体水平近年来有所提高，但是对比日本，对比国民经济发展对农业的要求，我国对农业的支持和保护的水平还较低。因此，有必要强化对农业的财政支持，在这方面，经济发达地区更应加大对农业基础设施建设、农业科研教育和技术推广、质量标准和市场信息等服务体系建设的支持力度，以提高农业综合生产能力。同时，还应借鉴日本的成功经验，在保护方式上进行相应调整，逐步减少对农产品流通环节的补贴，将支持与补贴的重点转向农业生产者。

第三节　台湾都市型现代农业发展模式

台湾与大陆的情况类似，台湾地区早期的经济发展战略，也是以农业为基础，依靠农业的积累支持工业发展，带动其他产业腾飞。但是，随着岛内工业化、城市化的不断推进，台湾农业在与快速发展的工商业竞争中，逐渐处于不利地位。至20世纪70年代初，农业开始步入明显的停滞、萎缩状态，在国民生产总值中所占比例迅速减少，并面临着诸多问题，如农业生产规模过小，农民收入偏低，农业生态环境恶化，国际农产品给农业带来巨大冲击等。为了使农业走出困境，提高农民所得，台湾加快推进农业的产业升级、转型。这样，以观光、休闲、体验为主要特征的都市型现代农业在台湾地区逐步兴起。

我国台湾地区吸收欧洲、日本等国家的经验，从20世纪80年代开始发展都市型的休闲农业，认为都市型的休闲农业是指都市化地区，利用田园景观、农业经营活动、农村文化及农家生活，为人们休闲旅游、体验农业、了解农村提供场所。都市型现代农业是将生产、生活、生态等“三生”功能综合于一体的产业。台湾都市型现代农业的形式主要是休闲农业。其发展原因首先是由于城市化程度比较高，城市人口的比重在 20 世纪 80 年代末已超过 80%，农民收入与市民收入之间差距缩小，人们的旅游需求迅速增加。但受地理条件限制，户外休闲游憩的空间不能成比例地增加，因此旅游市场产生缺口。这就使传统农业向休闲农业的转型面临着一次市场契机。另一方面，台湾的农业成本偏高，农业面临提高经营效益的需要，而生产性的、初级的农业，在台湾的发展空间也已被缩小，特别是谷类粮食作物农业受到很大影响。消费和生产两方面的需求，推动了农业的转型。这个转型就是将农业产销、农业加工及游憩服务 3 个层面的产业结合于一体，使农业成为具有生产、生活及生态“三生”功能的企业。这样，都市型现代农业超出了农业生产的内涵，向第二产业延伸，同第三产业结合，提高了综合经济效益。

台湾都市型现代农业的形式有：休闲农业区、观光农园、市场农园、农业公园、休闲农场、教育农园。台湾都市型现代农业发展至少包括 3 个阶段：在人均产值达到 3 000 美元左右的时候，以市民到农村观光旅游为特点的农业会迅速发展起来，在达到 7 000 美元的时候，就会上升到名副其实的休闲阶段，市民不仅到农村旅游，而且最主要的是在农场食宿。目前台湾人均产值已经达到 13 000 美元，开始进入了度假农业阶段。一些家庭农场逐渐从一般农场演变为休闲度假农场，如东部宜兰县的香格里拉休闲农场，中部嘉义县的龙云度假区，南部台南县的马濑农场等。台湾的休闲农业比较规范，从申请到建设都经过法律程序，管理也有休闲农业管理法，规划与布局比较合理，功能定位好，有利于吸引游客，提高农业效益，增加农民收入。

(一)观光农园

观光农园是自 20 世纪 70 年代末农民开放成熟期果园进行促销而逐渐发展起来的。1983 年台湾农政当局便开展了“发展观光农业示范计划”，到 1992 年政府用于发展该计划的总经费达 113 亿元新台币。台湾观光农园历经近 20 年的推动，目前各项工作已步入正轨，农民设置观光农园首先须向乡镇农会提出申请，并由县政府及省农林厅和区农业改良场协同实地勘察，适者纳入辅导对象，草拟计划由农林厅审核编立年度计划，再由“农委会”拨给补助经费。目前，开放观光果园达 70 多处，开放作物种类有柑橘、百香果、文旦、莲雾、杨桃、金枣、李、桃、草莓、葡萄、柿、红枣、荔枝、龙眼、番石榴、香菇、茶叶及各种花卉等 20 多种。仅台北市的观光农园就有柑园、花圃、草莓园、菜园、百香果园、茶园、莲雾园、柚子园、香菇园、海芋园、葡萄园等 10 多种田园，经营面积达到了 400 多公顷，共有 400 多个农户参加。

(二)休闲农场

这是一种综合性的休闲农业区，游客不仅可观光、采果、体验农作、了解农民生活、享受乡土情趣，而且可住宿、度假、游乐。为了促进休闲农业的发展，台湾“农委会”于 1989 年 4 月举办了第一次“发展休闲农业研讨会”，对休闲农业的观念、想法都做了广泛的研讨，指出休闲农业的基本概念应是利用农村设备与空间、农业生产场地、农业产品、农业经营活动、自然生态、农业自然环境、农村人文资源等，经过规划设计，以发挥农业与农村休闲旅游功能，增进民众对农村与农业的体验，提升旅游品质，并提高农民收益，促进农村发展的一种新型产业，其经营管理的内容应包括农业生产、农村生活、文化活动等 3 个层面。取得共识后，“农委会”通过省农会鼓励各地农会、农民或各种经营主体申请经营休闲农业。1990 年，台湾“农委会”在“改善农业结构提高农民所得方案”中设立了

“发展休闲农业计划”，从技术、经费、宣传等方面加大了对休闲农业支持的力度。1992 年 12 月 30 日，“农委会”颁发了“休闲农业区设置管理办法”，订下休闲农业区的一些基本条件，如面积至少要大于 50 公顷，而且必须连接成片；必须有许多农民参加且受益；必须有当地农产品可供销售；必须有美丽景观可供观赏；必须有丰富农业经验可让人体验等；并且要能保持农业本质以区别于一般游乐区等。为使休闲农业的发展能保持农业本质，“农委会”对准备发展休闲农业的地点，聘请了专家进行实地考察与评估，通过详细的规划与设计，并由乡村社会、社会心理、民俗文化、景观生态、水土保持、森林、园艺环境工程、旅游观光、农村建设、地政等各方面有关专家学者及单位代表组成“休闲农业咨询小组”，执行休闲农业规划设计的决策咨询。获得评审核定的休闲农业区，均由“农委会”资助经费，经营主体亦提供配套资金。

(三)市民农园

这是由农民提供农地，让市民参与耕地的园地。截止 2006 年，台湾省的市民农园面积高达 100 公顷，主要分布在城郊或都市化地区。从承租目的看，台湾的市民农园既有自助菜园型，又有休闲游憩型，还有田园生活体验型。从市民农园内每个小区的面积看，台北市的市民农园多以 3～10 坪(1 坪＝313 平方米)为单位，桃园、新竹等地则为 20～100 坪不等。从经营主体看，台北市均由农民将农地直接分块出租给市民，而中南部地区则大多由农事、花圃相结合，向多元化经营迈进，承租人或体验、或品茶、或游赏、或教育、或休闲，皆可依个人兴趣而选择。

台湾的都市型现代农业在发展过程中的积极意义主要表现如下。

1. 合理开发、利用和保护农村自然、文化资源　都市型现代农业除了提供采摘、销售、观赏、垂钓、游乐等活动外，部分劳动过程可以让旅游者亲自参与、亲自体验，农村丰富的乡土文物、民俗古迹等多种文化资源，可供参观，通过寓教于乐的形式，让参与者更加珍惜农村的自然文化资源，激起人们热爱劳动、热爱生活、热爱自然的兴趣，也进一步增强人们保护自然、保护文化遗产、保护环境的自觉性。

2. 增加农村就业机会 都市型现代农业将农业由第一产业向第三产业扩展，扩大了农业的经营范围与服务领域，为农村剩余劳动力提供了更多的就业机会。

3. 促进了农村社会的发展，缩小了城乡差别 都市型现代农业增加了农村农民与城市居民之间的交流与沟通，同时促进了农村经济的发展和农村面貌的改善，提高了农民的素质和生活品质，缩小了城乡差别，促进了农村社会的进步和城市乡村的共同繁荣与发展。

4. 为人们提供了新的活动内容，有利于人们的身心健康 随着台湾城市人口的集中，经济的发展和都市化程度的不断提高，身居都市的人们，逐渐被“水泥丛林”所包围，被“柏油沙漠”所环绕，“都市综合征”随之而来。都市型现代农业集农业劳动、农产品生产及休闲、度假于一体，给人们增加了内容丰富、形式多样的活动内容，为人们提供了新的活动空间，有利于人们的身心健康。

5. 扩大了农业经营范围和规模，减少农产品运销环节，增加了农民收益 发展都市型现代农业，把农产品直接销售给消费者，解决了部分农产品运销层次多的问题，避免运销商的中间盘剥，这无形中增加了农家收益，同时农民也可从提供休闲服务中获取合理的报酬，增加了收入。据台湾香格里拉休闲农场的统计，1990年该农场经营者每户净收益达20万元，约比当年普通农户收入多1倍。

6. 摆脱农业发展困境，促进农业的可持续发展 台湾农业面临许多困难与问题，都市型现代农业拓展了农业的发展领域与范围，增加了其发展空间，也提高了农业的经济地位，并可缓解农业对环境的污染，有利于台湾农业的可持续发展。

【案 例】

台湾的都市型现代农业缺陷

台湾的休闲农业比较规范，从申请到建设都经过法律程序，管理也有休闲农业管理法，规划与布局比较合理，功能定位好，有利于吸引游客，提高农业效益，增加农民收入。当前台湾都市型现代农业发展存在的问题是：①游人八成集中在周末和假日，而九成的农园是每日开放，这就产生了农园经营的人力忙闲不均，游客季节分布不均，无法构成全年均衡经营。②有的缺乏乡土文化内涵，仅靠农产品利用型观光农园的游憩活动无法完全满足游憩的需求。③设施及活动过于人工商业化，偏向经营观光游乐区开发行为。④普遍缺乏教育功能。

（资料来源：搜狐旅游）

第四节 新加坡都市型现代农业发展模式

都市型现代农业作为一种与城市发展密切相关的现象，当前正越来越受到广泛关注。自 1965 年建国以来，为了振兴经济，新加坡着眼于国际市场、国际资金，制订全方位开发的经济战略，到 2005 年人均国民收入达到 3 万美元，各类经济社会发展指标均名列世界前茅。尽管新加坡的经济繁荣主要是靠工业的迅速发展，但政府在发展工业的同时，也加快实现农业现代化的步伐。新加坡在城市建设过程中注重规划、扶持主体产业、以人为本、科学管理的基本理念，以及在城市化过程中努力将不断减少的农业土地资源与高科技相结合，给我们落实科学发展观、统筹城乡发展以有益的启迪：这就是即使经济高度发达，也要把发展农业放在重要位置上。

一、良好的地理及气候条件为发展都市型现代农业提供了便利

新加坡位于马六甲海峡东口，由本岛和63个小岛组成，国土总面积682.7平方公里，人口416万，是一个以华人社会为主的国家。其地形起伏不大，多数地方海拔不到15米。本岛中部有花岗岩和其他火成岩构成的圆形的山岳、平缓的山脊和山谷。新加坡有数条小河，最大的是实时达河，约15公里长。如今，在房屋林立的河谷，河水已经不是在自然环境中流淌了。河堤用混凝土筑成，两岸树木成行。新加坡属赤道气候，常年高温潮湿，年温差小，雨量充沛。每年有两个明显不同的季风季：从12月份至翌年3月份为潮湿的东北季风季；从6月份至9月份为干燥的西南季风季。还有两个季风交替季，分别为4月份至5月份和10月份至11月份。在季风交替季，和风习习，风向不定，下午到傍晚时分下阵雨，而且常有雷阵雨。

独特的地理条件与良好的气候特征，成就了新加坡旺盛的动、植物系统和优越的旅游资源，使得自然资源贫乏，农产品不能自给，甚至连沙石、水、食品都需要进口的新加坡，找到了一条通过大力发展高科技、高产值的都市型现代农业，实现经济社会加速发展的新路子。

二、新加坡的都市型现代农业

新加坡作为一个城市国家，素有“花园城市”之美誉，其农业是典型的都市型现代农业。那里土地与水资源非常有限，几乎没有农村，农业在三大产业中所占比重极低(不到1%)，所需食品的

90%均需从国外进口。2002年，新加坡农业用地仅有807公顷，农场263个(有些小农场仅数公顷)，占全部国土面积的1.18%。新加坡人根据土地面积少的特点，在种植业结构上，大力发展果树、蔬菜、花卉等经济作物；在产业类型上，以高产值出口性农产品如种植热带兰花、饲养观赏用的热带鱼等为主；在粮食结构上，主要限于鱼类、蔬菜和蛋类的生产，蔬菜仅有5%自产，绝大部分从马来西亚、中国、印度尼西亚和澳大利亚进口。

(一)发展现代集约化的农业科技园，努力提高食品自给率

新加坡都市型现代农业主要是现代集约化的农业科技园，其发展以追求高科技和高产值为目标。农业科技园计划的提出始于20世纪80年代中期，目的是为了推动高新技术农业的发展，推广农业科技成果，并开展国际农业技术咨询服务。农业科技园的基本建设由国家投资，然后通过招标方式租给商人或公司经营，租期为10年。

目前，新加坡建有6个农业科技园。这些科技园共占地15万平方米，每个园内都有不同性质的产业，如养鸡场、胡姬花园(出口多品种胡姬花)、渔场(出口观赏鱼)、牛羊场、蘑菇园、豆芽农场和菜园等，每个小农场平均占地2 000平方米左右。这些农场应用最新、最适用的技术，以取得比常规农业系统更高的产量。这些新技术包括自动化、工厂化，通过集约选育达到遗传性状改良以及病虫防治、饲料的基本分析及选择和水处理再循环系统等。现在，新加坡资助创建的这些具观赏休闲和出口创汇功能的高科技农业园区，已经形成完整的都市型现代农业体系，并取得了良好的经济和社会效益，为提高食物供给的自给程度做出了重要贡献。如新加坡著名的热带花卉——胡姬花(兰花)、新加坡的国花——卓锦万代兰、观赏用的热带鱼等，年出口值达6 000万～7 000万美元；又如成春农场引进的意大利设备——自动化高科技环境控制鸡舍，由电脑操纵控制，既节省人力，又提高了对土地的利用和产量，还能解决农场释放异味、鸡粪污染环境的问题，可不影响周围居民的生活环境。目前，该农场的鸡蛋供应量占本地鸡蛋市场的10%。

(二)兴建科学技术公园，促进生产力发展

在现代集约化的农业科技园的基础上，新加坡大力兴建科学技术公园。目前，新加坡科学技术公园兴办十几年，已成为工业研究和开发活动及推广普及的中心，是世界十大科技公园之一。公园内兴建大型集约农场，采用最新的适用技术，已取得比常规农业更高的产量和收益，动物学专家、微生物学专家、遗传学专家、昆虫学专家、农业专家和蚕桑学专家在内的科技专业人员都参与了公园的组建和管理。目前，肯特岗科技园已经成为新加坡基础科学和高新技术发展的重要孵化器，在园区内陆续建立起食品技术中心、技术示范中心、分子生物细胞研究所等一大批从事基础科学研究和高新技术开发的专业研发机构，有力地促进了科技生产力的发展。新加坡利用科学技术公园的研究成果，大力发展高科技农业。

1. 发展无菌鸡蛋产业　计划在10年内使鸡蛋自给率从目前的30%提高至80%，并提高该行业的科技含量。

2. 发展水耕农业新技术　积极引进台湾的水耕法农业新技术。蔬菜水根栽培有两大好处：一是不用施农药，没有污染，可降低人患癌病的概率；二是经济效益高，每年可生产蔬菜10多季，每平方米畦板1年所生产的蔬菜可收75新元。

3. 发展高科技水产场　目前新加坡使用浅水养殖法的樟宜鱼养殖研究处成立于1968年，每年生产鲜鱼3 000吨。后耗资3 000万新元在圣约翰岛的西南部新建一个水产养殖中心，内设有孵化室、室内养鱼池、营养与饲料配制研究室、鱼儿健康研究室、海水环境测验室及一些辅助设施等。

4. 细胞移植法培育花卉　新加坡将生物技术应用于花卉生产，如成怀宝花场将细胞移植法应用于胡姬花的生产，新加坡已成为世界第二大剪枝胡姬花出口国。

5. 食用菌生产工厂化 如万年春生物技术有限公司，利用当地资源采用空调调节温差，工厂化大批量生产香菇，常年供应市场。

(三)建设都市型科技观光农业，推动经济社会发展

由于新加坡基本没有农业，所以主要是在城内小区和郊区建立小型的农、林、牧生产基地。这些基地既为城市提供了部分时鲜农产品，又取得了非常可观的观光收入。在新加坡兴建的6个农业科技园，我们不但可观赏到一些农作物种植场景，而且还可观赏到一些观赏鱼、珍稀动物、名优花卉和果树。所有这些，正吸引着大量的来自世界各地的游客。

三、新加坡发展都市型现代农业的几点启示

新加坡虽然是在几乎没有农业的背景下发展都市型现代农业，但其在利用都市型现代农业来保障食物供应、增加农民收入、改善城市生态、提供观光旅游等方面，具有较大的借鉴意义。为此，我们必须重点做好以下工作。

第一，加强综合研究，因地制宜，制订都市型现代农业发展规划，将其纳入城市社会经济发展规划和城市总体规划中，实现统筹发展。

第二，结合实际，适应城市发展水平，采取不同的都市型现代农业模式。如对于城市化水平高、经济发展快速的地区可以发展如观光农业、生态农业、休闲农业、体验农业等；对于一般地区则可以以生物农业、创汇农业、设施农业、精品农业为主，提升都市型现代农业的经济功能；而在一些传统的产粮区，则可以通过现代农业技术和新物种的应用，大幅提高农业生产的产量和质量。

第三，为都市型现代农业发展提供良好的外部环境。一是政策支持。政府要加快推进各项制度改革，建立和完善一套适合都

市型现代农业发展的政策体制，为都市型现代农业的发展提供良好的政策环境；二是金融支持。政府一方面要加大对支农资金的支持力度，另一方面还要积极引导社会、企业、个人对都市型现代农业进行投资，扩大资金的来源；三是法律支持。政府应尽快制定和完善与都市型现代农业发展相联系的法律法规，为都市型现代农业的健康发展撑起一顶有力的保护伞。

第四，以市场为导向，大力发展都市型现代农业。要正确定位市场，坚持生产具有本地资源优势的特色产品；找准目标市场，生产提供科技含量高的产品和服务；注重包装宣传，不断拓展休闲、观光农业的市场。

第四章　都市型现代农业支撑体系和评价体系

第一节　科技服务体系

一、农业科技服务体系的内涵

(一)农业科技服务的含义

一般概念的服务是指用以交易并满足他人需要，本身无形和不发生所有权转移的活动。因此，农业科技服务是农业科技服务组织部门为满足农民需要所进行的物质、技术、信息、产品等各个方面的咨询服务和对整个生产经营过程中的技术指导。

(二)农业科技服务组织

1. 农业科技服务组织的构建原则　农业科技服务组织以向广大农业生产区及农民传授新技术、新信息为主，它由各种职能机构所组成，并通过这些机构的运作完成所担负的社会职能，其结构是否合理直接影响到农业科技服务的成效。农业科技服务组织建设应当走社会化、产业化道路，科技服务组织基本框架的构建，必须与不断完善的农业产业新格局相适应，内部功能与现行农业结构相一致，力求满足农业生产者的需求。

2. 农业科技服务组织的结构及基本功能　农业科技服务组织的设置可分为中央级和地方级。根据我国的实际情况，把农业科技服务任务分解为：由中央、省、地(州)、县(市)、乡(镇)农业科技服务机构进行的主体服务；由农业科研院校等单位进行的辅助服务；由科技示范户、农民经济技术合作组织等进行的基层服务；

以农业技术服务企业为主进行的市场服务。各相关服务机构都是在国家相关农业发展政策的指导下开展工作，直接体现国家对农业生产发展的指导和调控。

二、农村科技服务体系的基本结构与功能

农村科技服务体系是指由服务于农业生产的各行业、部门、组织等组成，旨在通过研发农业生产新科技，并使之转化为现实生产力的农村科技服务综合系统。不同国家由于资源禀赋，经济发展水平不同，农村科技服务体系也就各具特色。一般而言，传统的农村科技服务体系是由农村教育、农业科研和农业科技推广 3 个体系构成。随着计算机、互联网等相关技术的迅猛发展及广泛应用，农村科技信息体系已成为现代农村科技服务体系不可或缺的内容。

农村教育体系是农村科技服务体系的基础，其基本职责就是对农民进行培训，使其文化素质得以提高，适应现代化农业生产的要求。广大农民是农村科技成果的直接使用者，是实现农村科技成果向现实生产力转化的关键，只有具备一定文化素质的农民才能有效地接受和掌握先进的科技成果。在家庭联产承包责任制下，农户是生产的主体和最终决策者，农民素质的高低不仅影响农村科技成果的扩散速度，也决定着一项新科技成果能否最终转化为现实生产力。因此，建立针对广大农民的农村教育体系，成为农村科技服务体系最基本的组成部分。

农业科学研究体系是农村科技服务体系的关键，其主要任务是针对本国或某一地区的自然资源条件等进行农业科技的创新，使农业受土地等资源的限制得到缓解，增加农业产出，实现农业的可持续发展。广大农业科研部门、大专院校及具有较强研发能力的涉农企业是农业科技成果的主要提供者，是整个农村科技服务体系的主要提供者。农业科研部门所提供的科技成果的数量和质

量，很大程度上决定着农业科技推广及农村生产的发展。

农业科技推广体系是农村科技服务体系的核心，其根本任务就是把农村最新科研成果介绍给农村生产者，它是农村科技成果向现实生产力转化的桥梁和纽带。农村科技体系不同模式的划分，一般是按照农业科技推广体系的模式进行的。而农村科技推广部门与科研单位和农村劳动者联系的紧密程度，决定了农村科技成果转化率的高低及高新农业科技成果在农村经济增长中所占的份额。

农村科技信息服务体系是农村科技服务体系各项功能得以实现的手段，其基本功能是收集和整理农村科技最新成果，以及受体对农村科技需求等，采用一定手段在农村科技受体和供体间实现信息准确、快速传递。农村信息服务体系需要借助大量的传媒工具才能实现其功能，它是衡量一个国家和地区农村现代化程度的重要指标。

农村科技服务体系各系统之间既是相互独立的，相互之间又有交叉，通过横向和纵向之间的密切联系，共同影响着整个系统在总体功能上的实现。

三、我国农业科技推广服务体系的发展历史

我国的农业技术推广已有 4 000 多年的历史，几乎是伴随着农牧生产的诞生而萌芽。新中国成立以后，我国农业技术推广服务体系的发展大致分为 4 个阶段。即 1951～1957 年为体系形成期，从 1951 年华北、东北地区首先试办农技推广站开始，到 1957 年全国逐步建立起“以农场为中心、互助组为基础、劳模和技术员为骨干”的基层农业技术推广服务体系；1958～1977 年为起伏波动期，由于受政治运动和自然灾害的影响，农技推广体系由解体—恢复—再解体—再恢复，到 1969 年创建“四级农科网”，1974 年开始在全国大力推广；1978～1998 年为改革发展期，基层农业技术

推广服务体系建设得到快速发展：一是以农技站、种子站、植保站、畜牧兽医站、农机站和土肥站等专业站得到发展，逐步形成了五级技术推广体系，二是农民自发的科技服务组织，如农民专业技术协会、研究会等开始创建；1999年至今为改革创新期，体制和机制创新是这一时期的鲜明特征，放开搞活经营性服务，建立适应市场经济体制的多元化农技推广服务体系，新的农村科技服务组织不断涌现，如星火科技专家大院、农业科技110、农村科技特派员、农村科技专业协会和研究会等。

四、现行农业科技服务体系存在的问题

我国的农业科技服务体系从总体上讲，还是一种以政府主导的农业技术推广为主的体系，这种仅停留在技术指导层面上的服务方式已经不能满足和解决农村经济结构调整、生产率和生产力提高后面临的新形势和新问题。

(一)服务机构的单一设置与服务需求的多样化不相适应

目前政府农技机构一般是在县和乡(镇)设几个站、所，在村设农技员，农业新技术大部分通过该体制逐级推广。这种整齐划一的机构设置在如今农村种养结构趋向复杂化，技术、品种更新周期缩短，生产规模大小悬殊的情况下，已不能满足农村技术需求多样化、个性化的服务方式了。

(二)服务经费的有限投入限制和影响了服务质量

发达国家农技推广经费一般占到农业总产值的0.6%～1%，发展中国家也在0.5%左右，但我国不足0.2%，每个推广人员平均占有经费只有1 400～2 000元。推广经费的捉襟见肘使许多推广机构，尤其是县、乡两级连人员工资都不能保障。资金的不足制约了推广的力度，也影响了推广的质量。

(三)服务能力、服务手段的老化陈旧不能满足服务需求的动态化

现有农技推广人员专业素质较低，据农业部农村经济研究中心课题组调研报告报道，全国推广人员中具有与所从事的推广活动相关专业学历的不到55%，接近一半的推广人员没有受过与所从事工作相关的正式教育。且基层农技队伍大多已多年未得到补充和更新，知识结构老化，掌握的技术已无力应付当前品种结构复杂、服务需求多样、新品种新技术层出不穷的局面。

(四)服务内容的局限性解决不了服务需求的全程化趋势

基层的农技人员大多只能解决“怎么种”的问题，而对于需求预测、市场走向、销售价格等方面不知所措，不能满足农民全方位的要求、全过程服务的愿望，挫伤了农民“求新”的积极性，只能退而“求稳”。

五、完善我国农业科技服务体系的对策

目前，我国进入了“以工促农、以城带乡”的发展阶段，在以小农户为主体的基本农业经济制度难以改变的情况下，为提高农民的整体素质，培养有文化、懂技术、会经营的新型农民，必须坚持公共农业技术推广体系的主导地位不动摇，尊重农民的权利，改善农户采用新技术的外部制度环境，加大政府扶持力度，引导企业、民间组织和其他社会力量积极参与农业科技服务体系的建设。

(一)加快农业技术创新和孵化体系建设

以涉农科研院所为核心，以农业科技园区为载体，联合国内外一流农业科研力量，加强科技联合攻关能力，积极鼓励农业龙头企业和个人以多种形式参与农业科研开发，加快培育农业科技创新的新主体；进一步加大政策倾斜力度，积极引进与培育农业科技孵化主体，使园区成为农业高新技术引进、技术孵化和技术创新的平台；大力推进农业科技产业化，发展园区经济，孵化和培育一批有

强大竞争力的农业科技企业。

(二)改革农业技术推广体制

在机构设置上要明确行政执法、社会公益及一般推广机构的性质,合理设置机构。遵循“保住一尖、放活一片”的原则,对公益性、法律法规授权、委托执法的机构,应由财政全额供养。这些公益职能主要是指:关键技术的引进、试验、示范,农作物和林木病虫害、动物疫病及农业灾害的监测、预报、防治和处置,农产品生产过程中的质量安全监测、检测和强制性检验,农业资源、森林资源、农业生态环境和农业投入品使用监测,水资源管理和防汛抗旱技术服务,农业公共信息和培训教育服务等。对非公益性机构应大力扶持,实行企业化管理。积极稳妥地将国家基层农业技术推广机构中承担的农资供应、动物疾病诊疗以及产后加工、营销等服务分离出来,按市场化运作。要大胆放权、放手,采取优惠政策鼓励企业、社团、大户进入农业技术服务行业和领域,采取独资、合资、合作、项目融资等方式,参与基层经营性推广服务实体的基础设施投资、建设和运营。如近年来涌现的龙头企业、养殖协会、研究所、无籽西瓜育苗工厂等,在农技推广中大有作为,要认真总结推广。

(三)转变服务体系的运营机制

为克服传统的农业技术推广靠政府行政命令、看“经费”做事的被动局面,服务体系在运营上坚持公益型服务和增值型服务并举的运营方式,保障整个体系健康和可持续发展。以公益型的服务营造农业农村信息服务业的环境,尝试开展增值型的服务,侧重为成员单位覆盖的区域提供部分综合服务内容:包括当地信息定制服务、信息需求汇总、部分培训工作和管理中心实施项目的后续服务与支持、科技期刊的代理征订和发放业务,利用信息技术促进当地农村经济和社会文化的发展,同时以信息技术为手段,联合其他相关服务机构,成为当地农村提供服务的连接者,真正建立起农村信息服务产业。

(四)创新农技推广管理机制

创新推广管理机制，就是要创新人事管理制度，改革用人机制，实行人员聘用制度，实现由固定用人向合同用人、由身份管理向岗位管理转变。按照“三公”原则，采取公开招聘、竞聘上岗、择优录取的方式，选拔有真才实学的专业技术人员进入推广队伍，人员的进、管、出要严格按照规定程序和人事管理权限办理。完善考评制度，将农业技术人员的工作量和进村入户推广技术的实绩作为主要考核指标，将农民群众对农业技术人员的评价作为重要考核内容。对社会公益性推广机构一是要按岗定编，确保专业岗位占总编制的比例不少于80%，确保在一线工作的农业技术人员不低于全县农业技术人员总编制的2/3；二是对专业人员进行定期培训，实行再教育，培育多面手；三是建立有效的激励和约束机制，进行分配制度改革，将农业技术人员的收入与岗位职责、工作业绩挂钩，落实对县以下农业技术人员的工资待遇倾斜政策；四是完善农业技术人员技术职务评聘制度，对专业技术人员的职称评定实行评聘分开，不搞终身制，不断提高农业技术推广队伍的整体素质。

(五)采用网络化协作型双向运作模式

服务体系管理中心通过管理系统针对不同用户需求提供最为综合的服务内容，包括信息支持、农业新品种新技术、远程及集中培训、农业期刊编辑出版、农业咨询、农业区域规划、系统开发与信息技术咨询等。服务体系成员单位可以直接通过管理系统向服务体系管理中心提出各种农业信息需求，体系管理中心提供多种农业科技信息化服务，根据自身所具备的工作条件，开展因地制宜的服务活动。

(六)拓展资金投入渠道，增加农技推广资金投入

一是保证供给履行公益性职能所需的资金。地方各级财政对公益性推广机构履行职能所需的经费要给予保证，并纳入财政预算。其中，对乡镇林业工作站承担的森林资源管护、林政执法等公益性职能所需经费也要纳入地方财政预算。中央财政对重大农业技术项目推广工作给予适当补助。二是建立农业科技推广专项基金，并逐步增加财政支农资金中用于农技推广的份额。三是利用“绿箱”政策，调整支农资金投入结构。设立农业科技(绿箱)基金，把以前的农产品补贴变为农业科技推广补贴。四是完善改革的配套措施，引导社会资金投入。要用改革的思路和办法，解决在建立新型基层农业技术推广体系过程中遇到的问题。对重大农业科技成果转化等项目可实行招投标制，鼓励各类农业技术推广组织、人员和有关企业公平参与投标。鼓励农业技术人员自主创业，他们创建的经营性技术服务实体，可以优惠使用原乡镇推广机构闲置的经营场地，并享受现行政策规定的有关税收优惠。

【案　例】

田东县农业信息服务喜添新装备，科技强农又上新台阶

2009 年 1 月 12 日，一批崭新的信息设备软硬件运抵县农业局，包括台式电脑 6 台、触摸屏式电脑 4 台、高清摄录像机、网络、网站建设等。这是县农业局以“践行科学发展观，打造生态特色效益农业”为载体，争取到农业部“三电合一”农业信息服务试点项目。

“三电合一”农业信息服务试点项目得到农业部、区农业厅及各级部门的支持，通过以现代信息技术为依托，以互联网信息传媒为载体，以信息收集、发布为突破口，与传统媒体有机结合，进一步推进“三电一中心”模式，强化服务功能，为各级党委、政府提供决策支持，为广大农民、农业合作经济组织和农业产业化企业提供产前、产中、产后全程信息服务，促进县农业增效、农民增收、农产品

市场竞争力增强。

该县农业局围绕“县级抓提升，乡镇抓服务，村组抓延伸”的思路，推广并深化“三电一中心”模式，建设一个上联区内外农业信息网，下联全县所有乡镇、农业龙头企业、种养及流通大户的农业信息网络，形成一个队伍健全、争取先进、制度规范，集信息采集、分析、预测、发布于一体的农业信息服务体系，努力打通信息服务“最后一公里”，使信息农业真正成为促进农业增效、农民增收、农业发展、农村稳定，加快该县成为西部农业强县发展步伐的强大推力。

2009 年田东县农业“三电合一”信息化建设，要达到以下目标：

田东县农业信息中心在组织、服务功能、装备上得到全面强化。建立完善田东农业网，包括全县 10 个乡镇、所有新农村试点村子网站的县、乡、村三级农业信息网站群；农业电视节目制作中心能在拍摄、采集、后期处理、配单上全过程独立制作本地特色农业电视节目；农技 110 服务中心全面融入全国 12316 电话热线统服网络，本地农业数据库不断健全完善，专家坐席服务水平大大提高；全县建立 100 个农业信息采集点，并树立信息能人典型（示范户）100 名以上，农业信息资源全面共享并得到有效利用；完成 1 000 名农民经纪人加入农信通手机短信平台，带动万名农民获取信息服务生产。农业信息员队伍不断壮大，年末信息员发展到 1 000 人，全面覆盖全县所有乡镇和 100 个行政村；信息员素质和服务意识普遍提高，达到“会收集、会分析、会传播”的要求。农业龙头企业、农业合作组织全部实现信息化。全县 5 家重点龙头企业在网上建有自己的企业网站；县城西果菜批发市场在网上建立起农产品贸易信息网站，全县 30 个农业合作经济组织通过信息网络推进本地农产品销售。10 个乡镇服务站和 30 个新农村信息示范点服务本地特色农业产业化发展效益明显。结合新农村建设，在 30 个新农村规范建设农业信息服务超市，实现信息、技术、农资服务一体化。在所有信息站点设立信息公告牌，整理发布最新的农业科技信息、新品种和种养新技术信息以及农产品销售信息，信息服务的“触角”得到延伸。

（资料来源：田东新农网）

第二节　支持政策体系

农业国内支持政策是指政府向农业、农民和农村提供各种国内支持政策措施。经过近 30 年的发展，我国已经建立一个内容全面、体系庞大的农业国内支持政策体系，对我国农业增产、农民增收、农村社会发展起到了重要作用。但是，原有的农业国内支持政策体系已经难以适应新形势的需要。借鉴国际经验，建立符合新形势要求的农业国内支持政策体系已经成为一个十分迫切的任务。

一、农业政策概念的界定

对于什么是农业支持政策，什么是农业保护政策，目前理论界不同的观点可以概括为 3 类。

（一）第一类观点

有关农业保护与支持的政策可以概括为一国政府为了保护与支持本国农业的发展而采取的以财政补贴为主要手段的政策措施。如农产品的价格支持、贸易支持、农产品的基础设施投入、农业保险制度、农民收入保障计划，对农村低收入者的扶助，对农业资源环境保护、农林科技教育、市场信息等的服务支出。常见的概念有农业保护政策、农业支持政策、农业支持与保护政策、农业保护与支持政策。这些概念具有内涵的一致性。其主要表现如下。

1. 从政策作用的范围上看　政策作用于生产过程，可以发展农业生产要素，提高农业现代化水平；作用于农业流通领域，规范农产品交易活动，在国际农产品流通渠道中，为本国农产品争取优质的竞争地位；针对农民利益，可以切实减轻农民负担，提高农业经济的比较效益，以增强农民自身的积累能力。

2. 从政策目的上看　保护农业在国民经济中的基础性地位，确保在国际农产品贸易中本国农产品具备足够的竞争力；改善农村生产生活条件，保护农民利益。

(二)第二类观点

根据 WTO《农业协议》的具体规则所涉及的范围，有关农业保护与支持的政策可以分为边境保护和国内支持两大类，从而，农业保护政策是指边境保护，农业支持政策是指国内支持。二者的不同之处主要表现如下。

1. 根据《农业协议》的具体规定，二者的具体内容不同　农业保护政策包括：①市场准入规则。《农业协议》规定，市场准入实行单一关税管理，禁止非关税措施，并将非关税措施转换成相应的关税等值，减少非市场性的保护手段，约束成员国关税水平，实行关税减让，降低关税税率壁垒，建立以最低市场准入和先行市场准入标准为基础的关税配额处理制度和有差别的税率体系，保证农产品多边贸易的市场准入空间，实行特殊保障，对关税化后达到价格触发和数量触发标准的农产品征收附加税，实施有限过境保护。②出口补贴规则。出口保护严格限制扭曲农产品贸易竞争的政府出口补贴政策，反对贸易保护，限定减让补贴的范围，并从数量和价值两方面逐步削减成员国补贴水平。③动植物检验检疫规则。技术保护允许成员国出于居民卫生健康和动植物安全目的，制订某些限制农产品进口高于国际标准的品质标准和检疫措施，但不能形成环境保护、动植物安全及卫生健康方面不公平的歧视或隐蔽性技术壁垒。

农业支持包括：①无约束的国内支持政策，即"绿箱"政策。允许政府动用财政资金提供一般性农业生产服务等对生产、贸易扭曲作用极小的支持措施，允许生产者采用不具有价格支持作用的补贴措施。上述扶持农业发展的“绿箱”政策各成员国既无减让义务，也无上限约束。②区别对待的国内支持政策，即“蓝箱”政策。允许发展中国家对低收入、资源贫乏地区农业生产者进行投资补贴，促进落后农业国的农业进步，对少数国家有限度地实施生产限制计划下的直接付款补贴，部分弥补生产者的收入。③约束性的国内支持政策，即“黄箱”政策。控制干扰市场机制运作、会产生贸易扭曲作用的政府市场价格支持、直接支持和补贴，以及涉及对特定产品的财政措施等“黄箱”政策，成员国的国内综合支持总量及削减水平，减少市场竞争中的政府支持行为。

2. 从作用范围看 农业保护政策是规范按市场机制调节的竞争性私人产品的跨国贸易，针对农产品贸易的关税保护主义倾向，维护农产品交易的国际市场秩序。其主旨是限制他国利用主权过度对外设置贸易屏障，阻碍国别间的农产品贸易流通，从而自我保护和谋求利益，防御并限制他国竞争者。农业支持政策管理的对象不仅包括通过市场竞争调节生产和流通的农业私人产品，还包括按非市场方式生产供给和调控的具有外部效应的农业纯公共产品和准公共产品。因此，农业支持政策的对象还涉及了社会公共福利的某些部分。农业支持政策意在利用本国财政资源从国内干预农产品生产流通的市场机制，改变生产成本、销售价格、供求关系，从而在国民经济的各产业层次中，为农业提供优厚的发展条件，巩固农业的产业地位，并且影响国内外贸易的价格比较优势，防止不公平竞争。

3. 从使用手段看 农业保护政策主要利用关税税率、关税配额、出口补贴等行政性边境贸易保护手段，以及产品品质标准、检验检疫标准和环境保护等技术保护措施等实施强制性对外保护。农业支持政策主要利用政府的公共预算支出，转移支付和信贷支出等财政性调控工具，以经济范畴干预农业生产、流通和分配关系，影响农产品的供给，增加农业生产者的转移性收入。

(三)第三类观点

在研究《农业协议》有关国内支持条款时，把“绿箱”政策作为农业支持政策，而将“黄箱”政策作为农业保护政策，即非贸易扭曲性生产措施属农业支持政策，而贸易扭曲性措施属农业保护政策。二者的不同之处主要表现如下。

1. 从二者的基本内涵看　农业保护政策就是政府为保障本国农业生产的正常发展与农业收益的有效获取而采取的一系列政策措施，强调政府的功能与作用；农业支持政策是政府适应农业内在的发展规律，在充分尊重市场运行规律的前提下，有选择地对本国或本地区农业发展与收益进行适度调整的政策，强调市场机制的支撑作用。

2. 从实施后果看　农业保护政策由于过分倚重政府的权威与口号，没有充分调动农业系统本身的自我保护与发展能力，因此往往以市场机制的扭曲为代价；而农业支持政策由于是建立在市场机制的有效作用上，最大限度地释放农业生产的自身潜力，并且，以对贸易不发生或最低发生扭曲为追求目标，因此最终推动农业生产力的发展和国际农产品市场的高效运转。

二、农业支持政策体系的必要性

(一)农业自身特性要求

农业自身特性包括弱质性、基础性、多功能性等。农业作为国民经济中的一个产业部门，相对于其他产业而言，属于弱质产业。一方面农业生产可能会遭遇洪涝、干旱等自然灾害，生产在很大程度上要依赖自然条件的好坏，不确定性很大；另一方面，农产品的价值实现取决于市场供求，在需求弹性小于供给弹性的情形下，价格波动较为剧烈，价值实现存在着很大的市场风险。另外，国民经济中其他产业发展也很大程度上要依赖农业的发展。农业的波动对人民生活、经济发展和社会稳定将产生不利影响;同时,农业也是一种“绿色产业”,种植业、果树业、林业等的发展对治理日益严重的环境污染问题起着重要的作用。

(二)经济发展的规律要求

一个国家的经济发展过程从工农业发展演进的角度来看需要依次经过3个阶段:第一阶段是农业支持工业发展阶段;第二阶段是农业与工业平等发展阶段;第三阶段是工业支持农业发展阶段,工业剩余支持农业发展,形成工业对农业的“反哺”。目前,我国基本上进入第三阶段,政府此时应当建立完善的政策支持体系促进农业的发展。

(三)国际化的外部环境要求

我国已经加入WTO,对外开放程度在不断扩大,贸易自由化进一步深化,我国农业与世界农业的关联度正在不断加强,农产品的世界市场逐步形成。我国农业发展正遭受着来自世界农业的冲击。

三、建立农业国内支持政策体系的目标

(一)提高农业综合生产能力保障粮食安全是农业可持续发展的目标之一

尽管目前我国的粮食供求基本平衡,但从长期看粮食安全问题始终是关系经济社会全局的大问题。随着人口的自然增加、人均收入水平的提高、国民经济的不断发展,对粮食和其他农产品的需求将越来越大,这种趋势是明确的、持续性的、刚性的、不可逆转的。但是,耕地面积减少、水资源短缺、生态环境恶化等使得我国农业外延扩大再生产的潜力极为有限。因此,提高农业综合生产能力始终是我国农业国内支持政策体系的一个重要目标。

(二)增强农业市场竞争力

提高农业效率是我国农业可持续发展的目标之二。我国加入WTO后,国内国际市场一体化程度明显提高,农产品所面临的竞争越来越激烈。一方面,由于土地资源紧缺和小规模经营,我国粮食、油料、棉花等大宗农产品在国际市场上缺乏竞争优势,入世以后必然会面临国外同类产品的进口冲击;另一方面,尽管因为劳动力成本较低,我国在园艺产品和畜产品领域具有一定的竞争优势,但由于目前我国园艺产品和畜产品无论是品种还是质量标准方面均比较落后,短期内自身的竞争优势难以发挥,在国内市场也面临着国外优质产品冲击,在国外面临着苛刻的绿色壁垒和日益盛行的贸易保护主义的排斥。因此,在对粮食、油料、棉花等大宗农产品采取一定保护政策的同时,还必须尽快提高我国农产品的品质,增强我国农产品在国际和国内市场的竞争力。

(三)增加农民收入

提高农民收入是我国农业可持续发展的目标之三。稳定的收入预期是农民从事农业生产活动的基本决策依据。只有收入水平不断提高,农民才会扩大生产和增加供给。目前,我国农民收入及消费水平较低,缺乏购买力。农村市场消费需求不足不仅影响农民的生产生活,而且影响整个国民经济的良性循环。在这种情况下,政府采取保护性措施,扩大农民收入来源,缩小城乡收入差距,对于统筹城乡发展,建设和谐社会具有重大意义。

(四)不断改善农业自然生态环境

合理利用和保护农业自然生态环境是我国农业可持续发展的目标之四。功能完整的生态环境支持系统为农业提供肥沃的土地,维持基因的多样性,进行着对人类至关重要的水循环和营养物质循环,转化并利用一部分人类社会生产的废弃物,并且还保证着大气的质量和饮用水的清洁。因此,保持良好的生态环境,是农业可持续发展的重要前提。而从现实情况来看,我国农业生态环境状况令人担忧。耕地数量日趋减少，土壤退化、环境污染等现象非常严重，森林覆盖率低、水土流失严重，江河的防洪标准普遍偏低，农田水利灌溉设施失修老化现象严重，农业抵御自然灾害的能力很弱。所有这些，都不得不让我们把改善农业自然生态条件和提高农业的资源环境质量作为农业可持续发展的政策目标。

四、建立我国农业国内支持政策体系的建议

建立我国农业国内支持政策体系，是一项复杂的系统工程。需要在建立与其相适应的法律体系、预算体制、改革现行农业管理体制的基础上，适应 WTO 规则，调整对农业的支持方式和手段。

（一）建立农业国内支持政策的法律体系

国际经验表明，完善的法律支持是农业国内支持政策体系能够有效实施且保持稳定的一个重要条件。因此，我国应把农业支持政策体系纳入法律框架内，通过法制化确保农业支持政策的实施。一方面，对已有支持政策的农业法律法规，如《农业法》、《动物防疫法》、《农业技术推广法》等要进一步细化，或者出台相关的法律解释，明确各项支持政策的支持力度、支持标准和条件、支持方式、投入资金来源等具体内容，为具体政策措施提供可操作的依据。另一方面，出台各种专项法律法规，如《基本农田保护法》、《农业投入法》、《农业良种法》、《农药监督法》、《农资生产与流通法》、《批发市场法》、《农产品质量安全法》、《农业保险法》、《农业灾害救助条例》、《植物保护法》、《突发重大动物疫情应急条例》、《农业专业合作组织促进法》、《农业劳动力转移培训法》等，从多个领域为支持农业提供更多的法律保障。

（二）建立农业国内支持政策的预算体制

明确各级政府在财政支农方面的职责和界限，并且纳入各级政府的预算，是农业投入能够足额到位的一个重要前提条件。鉴于目前大部分地区县、乡财政困难，重点是要增加中央和省级政府

的财政支农责任，形成以中央和省级政府为主、以地、县(市)、乡为辅的政府财政支农投入体制。中央政府重点负责对全局性农业和农村经济发展事项，包括大中型农业基础设施建设项目、重大或重要农业科技项目、重要的农业公共服务体系、全国性或跨区域性的信息体系、质量和安全检测体系、市场体系等。地方中小型基础设施建设和对于地方经济有重要作用的农产品科研、公共服务，则纳入各级政府，特别是省级政府的基本建设投资的范畴。这既符合我国现行的财政分级预算管理体制，也有利于统一性与灵活性的有机结合。

(三)建立农业国内支持政策的管理机制

为切实解决农业支持的政策制定与实施、资金来源与使用、权力与责任、约束与监督的分散与分割问题，以及由此造成的对农业产业链条的分割，并考虑到“三农”问题的整体性和复杂性，应借鉴国外“从田间到餐桌”实行一体化管理的成熟经验，对现行的农业管理体制进行调整和改革，强化农业管理部门对农业产业链条和乡村综合发展的一体化管理职能，建立一个综合统一、措施配套、职能完善的农业管理部门，真正形成符合社会主义市场经济运行规律的、结构合理、配置科学、程序严密、制约有效的农业管理体制。其管理范围，从横向看，除了包括种植业、养殖业和渔业外，还应包括与农业密切相关的其他行业，如农田水利、林业、农业资源管理、教育、科研、技术推广、农民组织、农村发展等，突出乡村综合发展和可持续发展的理念；从纵向看，除了管理农产品生产过程这一“产中”环节外，还要管理为农产品生产提供生产资料的“产前”环节和农产品加工、贮存、运输、销售、质量及卫生检查监督、消费指导服务等“产后”环节，从而实现对生产、加工、销售进行真正意义上的一体化管理与协调，突出农业产业链条的一体化发展理念。

(四)建立农业国内支持政策的项目管理机制

今后农业国内支持政策的调控主体应该适当集中，特别是在专项资金的管理上，要逐步扩大农业部门对农业投资的调控主导权。对不同渠道的财政支农资金要加强协调和管理，防止重复投资或投资过于分散。各级政府要严格执行对农业和农村的预算支出，引进科学的分配方式，制定符合实际的支出标准。按照统一规划、明确分工、统筹安排的要求，整合各项支农投资，充分发挥资金使用效益。同时，全面推行部门预算法，将财政每年对农业的预算直接落实到农业各部门，从而切实增强国内支持的力度，有效遏制地方财政对农业的“虚投”现象。切实加强项目管理，建立约束机制，全面规划，认真论证，运用科学的指标体系对建设项目进行财务评价和国民经济评价，建立健全政府采购制、招投标制和工程监理制等科学管理措施，强化质量监管，加强事后监督，保证国内支持资金落到实处，产生实效，让农民真正得到实惠。

（五）增加“绿箱”支持总量，改革“绿箱”支持结构

我国农业的根本出路，在于进一步改变生产条件，更多地运用先进科学技术，降低生产及流通成本、提高质量、提高单产、提高加工水平，最终提高农产品的质量价格比，增强市场竞争能力。为此，我们建议：①改革农业科研体制。②改革农业科技推广体制。③以政府投入为基础，充分发挥社会资金力量，发展良种繁育体系。④完善农业信息和市场体系，发挥农业信息和市场对农业资源配置的引导作用。⑤健全农产品质量安全体系，确保农产品质量安全。⑥健全动植物防疫、检疫体系，加强对疫情的监测、预警和防治。⑦建立农业资源与生态保护体系，促进农业可持续发展。⑧加大扶持力度，完善农业社会化服务体系。

（六）充分利用“黄箱”政策的空间，调整“黄箱”政策支出方向

目前，我国的“黄箱”政策还有较大的利用空间。应以建立新型价格支持制度、扩大良种补贴范围和完善农资补贴为重点，优化“黄箱”支持结构，提高支持力度。具体可采取以下措施：①探索建立新型价格支持制度。②运用挂钩的直接收入补贴方式，引导农民的生产行为。③建立良种补贴制度，加快优良品种推广。④完善农资补贴政策。⑤对符合国家支持方向的农业投资给予补贴和政策优惠。

【小知识】

都市型现代农业的政策支撑体系

都市型现代农业竞争、有序、健康地发展，离不开有效的农业政策体系支撑。都市型现代农业发展的政策支撑体系应包含如下内容。

一是提高都市型现代农业投入政策。主要是优先支持都市型现代农业发展的重点基本建设项目。

二是支持都市型现代农业持续性发展的经济政策。主要是运用投资、信贷、税收、利率等经济杠杆来优先支持一部分重点工程的建设。

三是保持都市生态平衡的环境政策。要提高农业生态系统生产力，提高生态经济综合效益，还必须注重维护和改善都市生态环境，这需要有政策和法规的保障。

四是都市型现代农业区域内的医疗保健和营养改善政策。制定医疗保健和营养改善政策，改善区内居民的营养状况，使其适应都市型现代农业持续发展的要求。

五是区域内农村文化教育和技能培训并重的政策。

六是完善农村就业政策。加快农村剩余劳动力向非农产业转移，加快农村小城镇建设，协调工农关系和区域经济关系，为都市型现代农业持续发展创造必要的条件。

第三节　人力资源体系

一、都市型现代农业人才需求特征

发展都市型现代农业，对农业和农村人才队伍建设提出新的要求，结合都市型现代农业的发展现状与特征可以发现，大城市郊区农业的人才需求变化具备如下特征。

（一）由“土专家”向以大学生为主的专业技术与管理人员过渡

发展都市型现代农业要求构建繁荣有序、具有明显都市型特征的现代农村社会，提高农业生产的现代化、农产品的市场化，提高农村社会的组织性和社会化程度，以改善和提升农村生产状况。现代化、市场化、社会化必然要求专业化，都市型现代农业发展对基层队伍提出了更专业的岗位能力要求。

（二）对大学毕业生的要求由偏重专能到注重统筹

都市型现代农业发展面对的是更深层次、更复杂、关系到全局的发展问题，涉及粮食安全、产业调整、生态建设、社会事业发展、可持续发展等多个互相关联而又互有一定独立性的方面。这对参与建设的大学生提出了更高更综合的素质要求，他们不仅能领导农民群众增收致富、搞好经济建设，还要具备对眼前利益与长远发展、局部经济利益与综合社会效益、城市发展与全国大局的统筹把握能力、理解能力，能前瞻、能深入、能兼顾和统筹，搞好都市型现代农业生产。

二、都市型现代农业人才需求类型

据调查，在大城市郊区，高技能的专业型农业人才、高水平的复合型农业人才极为短缺。在未来都市型现代农业发展中，农业专业技术人才将依然有较大需求，主要是农业技术推广人才、农产

市型现代农业，就要建立起以人才为载体，结合各地实际需求的农业科技人才保障体系。

（一）制定完善的人才激励政策，优化创新人才环境

在用足、用好、用活已出台的各项政策的基础上，进一步研究制定有关农业人才培养、选拔、引进、使用等方面的优惠政策，拓宽人才资源开发领域，促进人才资源合理配置。同时，加大农业科技人员先进典型事迹的宣传力度，弘扬科技人才的创新精神、奉献精神，努力营造“尊重知识、尊重人才”的良好社会氛围。加大各级财政对农业科技人才的投入力度，建立人才资源开发专项基金和奖励基金，主要用于我国紧缺的高层次农业人才的培养、引进、引智和奖励，资助优秀中青年农业人才从事我国发展急需的科研项目，重奖做出突出贡献的农业科技人才，为农业人才资源开发提供物质、资金保障，努力做到事业留人，感情留人。

（二）强化继续教育培训工程，突出培养高层次创新人才

坚持“用好现有人才，引进有用人才，培养后备人才，提高全员素质”的原则，进一步完善在职农业技术人员继续教育制度，通过送出去培训、请进来讲学、结对子培养等多种形式，不断更新现有农业人才的知识结构，培养一支留得住、用得上、养得起的人才队伍，壮大和充实农业人才力量。抓紧抓好中青年学术技术带头人的选拔和培养，有计划地安排脱产培训、外出进修、外出考察、学术交流等活动，把学术技术带头人培养与知识创新和农业重点产业开发结合起来，重视培养选拔富有开拓精神的创新人才。进一步做好有突出贡献中青年专家、省优专家和享受政府特殊津贴专家的选拔推荐工作，充分发挥其示范带头作用和对广大农业技术人员的激励作用。

（三）采取灵活有效的措施，积极引进急需的高层次人才

按照“不求所有，只求所为”的方针，围绕重点产业开发，通过招聘、借调、兼职，或带资金、带项目、带技术成果以及技术咨询、项目合作、技术承包、技术转让等方式，引进高层次的急需紧缺人才。对引进的从事智力服务的农业科技人才和其他各类人才，在住房、随迁家属工作安排、子女入学以及报酬、资金分配等方面实行倾斜政策。

（四）以深化人事管理制度改革为契机，建立公开、平等、择优、竞争的人才激励机制

大力推行事业单位聘用制，实行按需设岗，按岗聘用，破除专业技术职务终生制，逐步建立考试与考核相结合的人才评价机制，促进人才评价逐步向社会化评价的方向发展。加快人事制度改革进程，打破人才部门、单位所有的现状，落实用人、择业自主权，简化人才流动审批手续，鼓励农业人才合理流动。加快农业事业单位工资分配制度改革，实行按岗定酬、按项目定酬、按业绩定酬，把技术、责任、贡献与报酬紧密挂钩，使分配标准和结构充分体现人才创造的价值和效益，真正做到一流人才、一流工资。鼓励和支持农业人才投身企业，从事技术创新和科技成果转化工作，允许农业人才一专多兼，兼职兼薪，按创造的效益参加收益分配。

（五）以促进主导产业形成为重点，加强乡土人才培训工作

坚持集中培训与分散培训相结合，现场培训与实地指导相结合，理论培训与实际操作相结合的办法，充分发挥大中专院校、农广校、农函大、职业技术学校等教育培训网络的作用，分层次建立教育培训基地，全方位、多渠道、多门类地开展农业实用技术培训。农村实用人才开发要立足当前，着眼未来，把当前需要和长远需要结合起来，根据农村经济发展和农业结构调整的需求，围绕培育和发展主导产业，有针对性地进行技术引进和人才培训，以产业带动人才开发，以人才开发促进主导产业的形成，使人才资源的整体效能充分发挥出来，转化为推动农村生产力发展的巨大动力。农业技术推广部门组织实施的项目、课题，应同农村实用人才的培训和使用结合起来，使农村实用人才得到锻炼和提高，促进科技成果的推广应用。

第四节　产业化体系

一、农业产业化的内涵

农业产业化是以市场为导向,以经济效益为中心,以主导产业、产品为重点,优化组合各种生产要素,实行区域化布局、专业化生产、规模化建设、系列化加工、社会化服务、企业化管理,形成种养加、产供销、贸工农、农工商、农科教一体化经营体系,使农业走上自我发展,自我积累、自我约束、自我调节的良性发展轨道的现代化经营方式和产业组织形式。它的实质是指对传统农业进行技术改造,推动农业科技进步的过程。这种经营模式从整体上推进传统农业向现代农业的转变,是加速农业现代化的有效途径。农业产业化的基本思路是:确定主导产业,实行区域布局,依靠龙头带动,发展规模经营,实行市场牵龙头,龙头带动基地,基地联农户的产业组织形式。它的基本类型主要有:市场连接型、龙头企业带动型、农科教结合型、专业协会带动型。

农业产业化的基本特征主要有面向国内外大市场,立足本地优势,依靠科技的进步,形成规模经营。实行专业化分工,贸工农、产供销密切配合,充分发挥"龙头"企业开拓市场、引导生产深化加工、配套服务功能的作用,并且采取现代企业的管理方式。

它的目的之一是使农民真正得利。实行产加销一体化,使农民不仅获得生产环节的效益,而且能分享加工、流通环节的利润,从而使农民富裕起来。实行农业产业化还会使土地产出率和农产品转化为商品率得到最大限度的提高,农业科技贡献率得到较大幅度的提高,农产品的生产与市场流通有效地结合起来,以"龙头"企业来内联千家万户,外联两个市场,从而引导、带动、辐射农业产业化的发展，并且建设一批主导产品、“龙头企业”、服务组织、商品基地。

二、农业产业化经营的重要意义

农业产业化经营其实质就是用管理现代工业的办法来组织现代农业的生产和经营。它以国内外市场为导向，以提高经济效益为中心，以科技进步为支撑，围绕支柱产业和主导产品，优化组合各种生产要素，对农业和农村经济实行区域化布局、专业化生产、一体化经营、社会化服务、企业化管理，形成以市场牵龙头、龙头带基地、基地联农户，集种养加、产供销、内外贸、农科教为一体的经济管理体制和运行机制。其对解决“三农”的重要意义如下。

（一）农业产业化经营是农业和农村经济结构战略性调整的重要带动力量

解决分散的农户适应市场、进入市场的问题，是经济结构战略性调整的难点，关系着结构调整的成败。目前，干部和群众对结构调整的重要性和紧迫性虽有一定程度的认识，但结构调整这篇大文章还没有完全做好，结构上的问题，品种品质上的问题，布局上的问题还没有从根本上解决。农民对种什么，养什么，发展什么，还不完全清楚，甚至顾虑重重；有的连基层干部也不完全清楚。具体体现为：市场还看不准，发展路子还不宽，对农民的信息和技术服务还比较滞后。总体上还缺乏明确的规划，不同程度地存在简单模仿外地经验和模式的问题。要使结构调整不断向农业的深度和广度进军，有一点显得十分重要，就是要使千家万户的小生产与千变万化的大市场有机对接起来。农业产业化经营的龙头企业具有开拓市场、赢得市场的能力，是带动结构调整的骨干力量。从某种意义上说，农户找到龙头企业就是找到了市场。龙头企业带领农户闯市场，农产品有了稳定的销售渠道，就可以有效降低市场风险，减少结构调整的盲目性，同时也可以减少政府对生产经营活动直接的行政干预。农业产业化经营对优化农产品品种、品质结构和产业结构，带动农业的规模化生产和区域化布局，发挥着越来越显著的作用。

（二）农业产业化经营，是实现农民增收的主要渠道

改革开放30年来，是农民收入增长较快的时期，但近几年农民收入增长缓慢，城乡收入差距进一步拉大。农民增收缓慢的内在原因是：农产品产量与农村劳动力“两个充裕”并存；农业生产劳动率和农产品转化加工率“两个过低”并存。发展农业产业化经营，可以促进农业和农村经济结构战略性调整向广度和深度进军，有效拉长农业产业链条，增加农业附加值，使农业的整体效益得到显著提高，可以促进小城镇的发展，创造更多的就业岗位，转移农村剩余劳力，增加农民的非农业收入；可以通过农业产业化经营组织与农民建立利益联结机制，使参与产业化经营的农民不但从种、养业中获利，还可分享加工、销售环节的利润，增加收入。

（三）农业产业化经营是提高农业竞争力的重要举措

加入世界贸易组织后，国际农业竞争已经不是单项产品、单个生产者之间的竞争，而是包括农产品质量、品牌、价值和农业经营主体、经营方式在内的整个产业体系的综合性竞争。积极推进农业产业化经营的发展，有利于把农业生产、加工、销售环节联结起来，把分散经营的农户联合起来，有效地提高农业生产的组织化程度；有利于应对加入世界贸易组织的挑战，按照国际规则，把农业标准和农产品质量标准全面引入到农业生产加工、流通的全过程，创出自己的品牌；有利于扩大农业对外开放，实施“引进来，走出去”的战略，全面增强农业的市场竞争力。

【案　例】

宝应荷藕产业

宝应是我国荷藕之乡，该县常年种植荷藕10万多亩，产量12万多吨；全县拥有荷藕加工企业28家，其中出口加工企业16家，年加工荷藕10万多吨，加工产品达7大系列100多个品种，销往日本市场的藕制品3万多吨，占日本市场份额的70%；批发市场4个，年销售量5万多吨。

目前，宝应县已形成品种改良、生产、藕制品加工开发、销售完整的产业体系，2003年全县荷藕种植业产值2亿多元，加工业产值3.5亿元，藕业从业人员3万多人（种植业2万人，掏藕1 500人、运销经纪人员4 000人、加工4 500人），藕业收入2.1亿元，占全县种植业产值、乡村工业产值、农村就业人员和农民纯收入的比重均在8%左右，荷藕产业已成为宝应经济，特别是宝应农村经济中不可或缺的支柱产业。宝应荷藕产业的发展在2001年之前基本上处于无序状态，众多的中小加工企业为了获取外贸订单相互压价，外销市场价格基本上由外商、代理商所操纵，效益大量流失，企业又将销售环节的效益损失通过市场转嫁给藕农，加之国内荷藕种植面积发展太快，2001年鲜藕收购价由上年的每千克1.2元狂跌到0.6元，最低时达到0.38元，藕农纷纷停止掏藕甚至改种。2001年底，日本加大对进口宝应荷藕的检测力度，检测项目由常规卫生检测1项增加到农药残留、重金属等12项，检测方式由抽检发展到批批检测，全县藕制品出口检测费用由60万元增加到360万元，一般出关时间延长至7天左右，使本就效益不佳的宝应藕业面临更大的危机。至此，产业内各方都充分认识到必须加强行业合作与治理。2002年5月，由国家级龙头企业江苏荷仙集团发起成立了宝应县荷藕行业协会，全县共有28家企业、21个经纪人和255户藕农代表参加。

协会的主要工作:(1)行业协调。制订和实行统一购销定价,企业间同种产品最低报价实行同行议价,避免低价抛售、无序竞争;鲜藕流通市场实行明码标价,统一清磅清称。(2)推行订单农业。组织全县16家出口加工企业与农户落实5万亩生产基地,企业对农户按生产成本核算出最低保护价,2002年统一为每千克0.8元。(3)推行标准化生产。组织制订了"江苏省无公害莲藕生产技术规程",在生产基地上强制推行,并联合省、市质检部门对生产基地进行核查、备案,对基地环境、产品质量跟踪抽查并实行产品标识化管理,企业凭标识收购加工的基地产品,仍实现抽查检测。宝应荷藕行业协会成立2年以来,取得了较好的治理效果,2002年荷藕价格恢复到每千克1.5元,2003年达到2.4元,加工出口企业由于免除了批批检测也节省了大量的检测费用,缩短了通关时间。2003年宝应荷藕还被国家列为原产地域保护产品。

(资料来源:华侨华人经济技术网)

三、农业产业化的六大配套体系

(一)农业产业化经营体系

农业产业化经营体系是农业产业化的主体,它包括:产业化经营组织,即农产品加工、流通企业、合作经济组织、专业市场等;农产品生产基地,即产业化经营组织直接经营的原料生产基地,以及在产业化经营组织监控之下为从事原料生产的专业户;农民,直接或间接为产业化经营组织提供原料的生产者。这就是最基本的产业化经营体系,即"公司(产业化经营组织)+基地+农户"。因此,我们通常讲的发展产业化经营,实际上就是指发展产业化经营组织、建设原料生产基地、收购农民的产品。但是,由于公司总是以利润最大化为目标,所以这种基本的经营方式要得到持续、互利的发展，需要其他体系的支撑。

(二)农业产业化政策体系

政策，是经营组织在决策时或处理问题时指导及沟通思想活动的方针和一般规定。政策是有连续性和完整性的，一项重要的战略没有政策的支撑，就会导致在舆论上争论不休，思想上认识不一，行动上参差不齐。可以说，我国的农业产业化经营是缺乏政策支撑的。到目前为止，除了国家税务总局的一个减免税文件外，国家及其工作部门还没有专门出台过关于农业产业化的文件，没有以政府名义召开过专门的会议。因此，推进农业产业化经营的当务之急是建立健全政策支撑体系。农业产业化政策体系不仅仅是税收问题，也不是各级财政都拿点钱的问题，更重要的是用政策来营造一种社会环境，推行一种新的经济体制，搞活产业化经营机制。包括产权改革，扩展投、融资渠道，加强技术创新与合作，培育核心竞争力等。这才是发展产业化经营的核心动力和内在要求。

(三)农业产业化利益联结体系

农业产业化龙头企业上联市场、下联农户，既是市场竞争中最活跃的因素，又是当前维系城乡发展、区域发展、人与自然和谐发展的主要力量。加快推进农业产业化经营，就是要把农产品加工、销售与农户家庭经营捆绑在一起，把农村公共服务联结起来，提高农业的组织化、市场化程度，从而实现城乡的协调发展，消除城乡二元结构的体制性障碍。但是，龙头企业一边联结的是千变万化的大市场，另一边联结的是千家万户的小农户，在一定程度上加大了企业的经营风险；同时，还要为农户提供相关的服务，龙头企业付出了较大的组织成本，使得龙头企业深感风险与成本的双重压力，不得不把自身利益放在首位。从眼前看，利润最大化是企业的天然属性，农民很难取得“平均利润”；从长远看，企业和农户的利益是一致的、可以调和的，没有农户的发展，企业经营就没有保障。因此，双方必须在纯粹的市场与一体化之间，进行利益联结的机制创新，找到一种更合理、更符合市场经济的联结模式。龙头企业与农民结成利益共同体，是农业产业的根本目的，是加强农业产业化基础的需要，是龙头企业发展的内在要求。

健全的利益机制，促使高新技术、管理人才、资金和社会化服务能较好地融入农业产业化链中来；促使公司和农户避免相互违约弃义；促使各地区正确处理眼前利益和局部利益，避免盲目竞争；使农业产业化走可持续发展道路，最终与持续提高农民收入和致富奔小康的目标协调一致。可见，要推动农业产业化上新台阶，必须以建立科学、合理的利益机制为突破口，大胆探索，不断创新利益联结机制。

(四)农业产业化风险保障体系

建立和完善风险保障体系是发展农业产业化经营的保障。一是建立风险调控基金，基金来源可以由企业(合作社)每年从税后利润中扣拨一定比例计提的风险金，也可以由企业(合作社)与农户共同逐年提取，有条件的地方财政也可每年拨出一定额度资金与企业共建风险基金。二是实行农业保险，将由农业经营者独自承担的风险损失，分散给各个投保人，从而提高单个农户抵御风险的能力。要积极探索政策性保险制度，鼓励保险机构开办农业保险业务，有条件的地方财政可对龙头企业带动的种养业农户给予一定的保费补贴。三是探索发挥期货市场套期保值的功能，通过期货交易避免农产品跌价损失，避免经常出现货款不兑现的“打白条”现象，用契约保证生产者的利益。

(五)农业产业化组织体系

组织是指由诸多要素按照一定方式相互联系起来的系统。发展农业产业化已经不是权宜之计，是统筹城乡发展、破解城乡二元结构的战略，而战略是一个为全面实现目标而对主攻方面以及资源进行布置的总纲。要实施发展战略，就必须有组织机构。但是，到目前为止，从中央到地方，农业产业化的组织机构不完整。国家一级的职能在农业部，各省、自治区、直辖市有在农业部门的，有在计划部门的，有在经贸、外经贸部门的，有在财政部门的，有在供销部门的，真可谓五花八门。到了省（自治区、直辖市）以下更是说不清，就农业系统就有水产、畜牧、农垦、乡镇企业、林业之分，有经费的就争职能，没有经费的就把产业化当足球踢。我国的农业产业化要发展，就必须建立一个完整意义上的组织系统，制订战略，编制规划，落实措施，组织实施。

（六）农业产业化支持体系

建立健全农业产业化体系是一项复杂的系统工程，在组织体系进一步完善的基础上，需要各部门以及社会各界的配合和支持。农业、畜牧水产和技术监督部门要为农业产业化经营组织申报无公害等有关认证提供全方位服务，有关收费应当从优。外经贸、海关、银行等部门要为农业产业化经营组织出口农产品及其加工品提供优质服务。要强化对产业化经营组织负责人和农民的培训，努力造就一批具有世界眼光，有强烈的为农意识，懂经营、会管理、依法经营的企业家，一大批具有强烈的合作意识，重合同、讲信誉，有一定经营管理水平的农民。

【小知识】

美国的农业产业化体系

美国农业产业化经过数十年的发展，已经形成了一整套完整的体系，首先是集生产、加工、销售为一体的经营组织体系；其次是100多年来逐步形成的法律法规体系；再次是完善的社会化服务体系。美国农业产业化体系的建立和完善推动了美国农业产业化走在了世界前列，领导了农业一体化的方向。

一、美国农业产业化经营体系

美国农业产业化经营组织形式主要有3种：一是农工综合企

业;二是工商企业;三是农业合作社。美国的食品加工业已是各制造业中规模最大的行业,农产品加工企业是农业产业化经营中的"龙头"。

1. 农工综合企业。农工综合体是把农业生产本身同农用生产资料的生产、供应,或农产品的加工、销售过程的若干环节,纳入一个统一的经营体内,融合为一个企业。综合体实行统一核算,形成完全垂直一体化的综合经营。在综合体一体化经营的基础上,几个相互连接的生产环节被置于单一所有权下,由同一个指挥中心管理和协调,实行类似流水作业的工作程序。

2. 工商企业。由私人工商企业与农场主签订合同,通过明确双方的责任与义务,以直接的业务往来向农场主提供服务,通过合同建立一种相对稳定的联系,从而把产供销统一起来,原有的工商企业和农场仍保持各自的独立地位不变。合同制在第二次世界大战后成为私人公司与农业结合的一种主导类型,在目前实现了一体化经营的农产品的产值里,合同制部分占75%。

3. 农业合作社。美国的农业合作社是在市场经济的条件下,单个农民出于自身产销利益的考虑,自发组织起来的互助合作经济组织。美国合作社主要有4种类型,分别是生产、销售、购买供应和服务合作社。农业合作社在美国农村几乎无处不在,它们在促进美国农业经济增长、提高农民收入方面发挥了很大的作用。

二、美国农业产业化政策体系

20世纪30年代开始,美国农业政策转向以提高农民收入为主,通过稳定农产品价格、扩大财政对农业支出、增加对农民补贴等多方面措施,在有效促进美国农业生产长期稳定增长、增强美国农业竞争力的同时,农民收入保持了稳定增长。美国农业支持政策主要有以下内容。

1. 生产支持政策。美国联邦政府对多数农产品生产都给予支持,具体支持方式和程度随产品不同而有所差异。法律规定享受政府直接生产补贴和价格支持的农产品，对有些农产品虽没有补贴规定，但如果出现灾害或其他特别情况，也常常会得到政府的支持。

2. 对外贸易支持政策。由于美国农产品30%以上都依赖于出口，所以美国农产品出口一开始便着眼于全球市场。2002年的农业法曾要求农业部制订一项农业外贸长期战略，明确美国农产品出口增长的机会，确保不同部门的资源、项目和政策相互协调。

3. 农业政策性保险。美国普遍实行国家对农保险提供保费补贴的农业保险支持政策。美国是世界农产品第一大出口国，其农业保险制度也相当发达。美国的农业保险是以农作物保险为主，目前可保作物种类和参与率都有了很大提高。

三、美国农业产业化管理体系

美国的农业产业化职能在农业部，它包括农业行政、农业财政、农业金融、农业计划、农业政策、农业科研、农业教育、农业生产资料、农产品加工、农产品交易、农产品商业信息、农产品出口。

1. 确立农产品市场交易标准。农产品市场交易标准旨在把各种假冒伪劣商品排除在市场交易之外，使农产品运销加工企业能够更好的经营，为农业生产部门提供准确的市场信息。同时，为了履行其监督执行的职责，农业部不仅在各部机关建立了相应的主管机构，而且在全国各地都保持了一支庞大的现场工作队伍。

2. 规范市场交易行为。农场主由于力量分散，经济实力弱小，往往成为垄断行为、不公平竞争行为和其他商业欺诈行为的牺牲品。美国国会先后通过若干法律，对垄断行为做出了明确的规定，并将非股份制、非盈利性的合作社从反托拉斯法中豁免出来。为农产品运销加工企业确立一个公正合理的市场交易环境，为入市交易的经营者规定了经营行为标准，进而保证农产品运销加工活动的有序进行，避免农产品价格的大幅度波动。

3. 提供各种服务。美国农业部是美国政府第一大管理机构，它既是农业社会化服务体系的参加者，又是协调者。作为参加者，它通过自己的科学研究和信息传播系统向农场主提供多方面的服务。作为协调者，它又利用自己的独特地位与身份从总体上为农业社会化服务体系的有序运行提供保障。

（资料来源：当代世界）

四、我国农业产业化体系的构建和创新

（一）构建现代农业产业体系的主要措施

1. 科学规划产业布局　根据保障粮食等主要农产品供给和发挥比较优势的要求，搞好产业布局规划，科学确定区域农业发展重点，形成优势突出和特色鲜明的产业带。同时，引导加工、流通、贮运设施建设向优势产区聚集，逐步提高产业竞争能力和提高农业整体效益。

2. 推进产业结构战略性调整　在稳定发展粮食生产的基础上，鼓励和支持优势产区集中发展棉花、油料、糖料、马铃薯等大宗产品，加快发展畜牧、水产、园艺类产品，因地制宜发展特色产业和乡村旅游业。

3. 加快农业科技创新　充分发挥农业科技对现代农业的促进和支撑作用，加强科技研发、成果转化和技术推广，不断推进农业技术集成化、劳动过程机械化、生产经营信息化。技术创新是以市场需求为导向，将科技优势转化为市场优势的创新活动，涉及从新创意到技术开发、产品研制、生产制造、市场营销和服务的全过程。技术创新能力是构成科研核心竞争力的决定性能力，是决定如何利用技术创新获取核心竞争力的决策。技术创新可围绕市场信息或产品开发或实物质量进行。

4. 加强社会化服务　加快构建以公共服务机构为依托、合作经济组织为基础、龙头企业为骨干、其他社会力量为补充、公益性

服务和经营性服务相结合、专项服务和综合服务相协调的新型农业社会化服务体系，支持供销合作社、专业服务公司、行业协会、农民经纪人、龙头企业等提供多种形式的生产经营服务。

5. 推进农产品市场体系建设和农村流通现代化 重视市场流通对现代农业的支撑作用，加强农产品批发市场网络建设，健全农产品批发和零售、现货和期货市场体系，推广连锁配送现代物流方式，培育多元化市场流通主体。

6. 培育农民新型合作组织 按照服务农民、进退自由、权利平等、管理民主的要求，加快发展农民专业合作社，提高农民的组织化程度和参与市场竞争的能力。

7. 加强农业标准化和农产品质量安全工作 严格产地环境、投入品使用、生产过程、产品质量全程监控，切实落实农产品生产、收购、贮运、加工、销售各环节的质量安全监管责任，杜绝不合格产品进入市场。

(二)创新农业产业化体系的运作方式

1. 农业产业化制度创新 农业产业化制度是关于农业产业组织、运行、管理一系列的规范和模式，它由农业产业产权制度、组织制度和院所领导制度三部分组成，其目标通过制度创新使产业更好地适应农业产业化开发生产、经营环境发展变化的需要。

(1)*农业产业化企业产权制度创新* 这是制度创新的核心和基础。转企必须做好国有资产的核定、剥离、重组和管理工作，按照国家有关国有资产管理的政策规定，通过清产核资、资产评估、产权界定等程序，理顺产权关系。逐步或一步到位转制为投资主体多元化的产权结构，明确出资者承担有限责任，建立自主农业产业化企业的法人管理体制。

(2)*农业产业化企业组织制度创新* 就是必须建立以法人治理结构为核心的现代科研制度，国有资产所有者的代表进入农业产业行使国有资产监管职能，成为农业产业企业经营的法人和市场竞争的主体。依据法律行使国家的权利与义务。

(3)领导制度创新　要求围绕农业产业化企业要求,设立股东会、董事会、监事会和经理等分层次的组织机构和权力机构,并明确规定他们各自的职责和相互之间的关系,不同权力机构能权责分明,各司其职,各负其责,形成层次分明、相互制约、逐级负责的纵向授权的领导体制。

2. 科技创新　技术创新是以市场需求为导向,将科技优势转化为市场优势的创新活动,涉及从新创意到技术开发、产品研制、生产制造、市场营销和服务的全过程。技术创新能力是构成科研核心竞争力的决定性能力,是决定如何利用技术创新获取核心竞争力的决策。技术创新可围绕市场信息或产品开发或实物质量进行。

(1)围绕市场信息进行技术创新　不仅要与国际信息系统、农业信息中心、国际互联网连接,而且还要通过内部局域网实现资源共享,以准确捕捉国际市场信息、广泛采集国内外农业产业化企业产品科技情报,提高经营决策的科学性。

(2)围绕农业产业化产品开发进行技术创新　必须坚持"生产一代,研制一代,构思一代",不仅要加大自身开发工作,更要与国际、国内同行进行联合开发,同时要站在市场前沿,依据国家农业产业化政策,选择符合战略性、前瞻性、科学性的产品(如绿色产品)开发作为技术创新的切入点。

(3)围绕农业产业企业产品质量进行技术创新　要瞄准国内外先进农产品质量,按国际标准组织农产品生产,并不断地进行技术改良,形成自身的系列核心技术,还要注意技术创新的经济性,力争质量、品种、生产和使用成本、效率等要素的最佳组合。

3. 农产品市场创新　市场是农业产业化企业生存发展的基本前提,因此最大限度地找到农业产业企业产品潜在的市场,尽可能拓展农业产品的市场生存空间,几乎是所有农业产业企业产品面临的共同任务。产品市场创新是通过新的市场要素的引入以求开拓、占领新的市场,从而更好地满足农产品市场需求的过程。市场创新分为首创型市场创新、改进型市场创新和模仿型市场创新。

(1)经济实力强的中小型农业产业企业产品可实施首创型市场创新　通过首次引入某种新的市场要素并实现市场化而开辟一种新市场的创新活动,提高农业产品的市场竞争力,获取高额利润,赢得长期的竞争优势。

(2)经济实力一般的中小型农业产业企业产品可实施改进型市场创新　在充分利用自己的市场实力和创新条件的基础上,对已有的首创市场进行改进和创新,减少或避免市场风险,更加有效地利用各种创新资源,减少创新成本。

(3)经济实力弱的小型农业产业企业产品可实施模仿型市场创新　通过模仿首创者或改进者的新的产品或服务、新的市场定位、新的包装、新的市场组织、新的成果交易方式、新的促销手段等,来占领一部分市场份额。

4.农产品服务创新　随着社会经济的发展,特别是农产品服务经济的发展和农业产业化服务竞争的出现,要求农产品必须坚持以服务质量为核心的现代质量观念。把技术质量置于服务质量之中,致力于提高以服务质量为核心的总体质量水平。

(1)探索农产品服务质量管理的新模式　由于农业产业化企业产品服务或有形产品的服务成分比较复杂,因此要根据农产品服务的特点和服务质量管理原则,大胆突破传统的管理模式,勇于创新,积极探索农产品服务质量管理的新模式。

(2)创建科学而灵活的农业产业化产品科技服务质量管理体系　通过向消费者承诺来确保科技服务质量达到一定的水准,建立农业产业化科技服务关系向顾客提供满意的服务,并建立自身农业产业化科技服务品牌,提高农业科技服务的信誉,使广大顾客认可。

(3)鼓励员工具有创造性的服务　优质的农业产业科技服务需要创造性，需要员工、特别是与顾客频繁接触的一线员工，在满足顾客需要的基本前提下临场发挥，灵活应对。因此，必须鼓励员工发挥自己的创造性，激发起员工为顾客服务的积极性和责任心。

5. 产业科研管理创新　农业产业化科研管理创新是指通过引入新的管理要素或管理要素新的组合，对农业产业科研各种资源要素整合，从而使产业科研管理系统具有更高的管理效能的农业产业化科研创新活动。

(1)内部管理体制的创新　一是加强管理理念的创新，树立以人为本的管理思想。开发人力资源，善于发现和合理使用人才，重视人才的培训，建立全员培训机制。二是进行管理结构的创新。在管理结构的设置中应尽量精简、合理和减少层级，建立综合服务体系、科学研究体系、成果转化体系和技术开发体系组成的组织体系和由决策层、管理层、执行层、监督层、咨询层组成的分权管理体系。三是业务流程和管理规范的创新。对农业产业化科研的业务流程要按照现代农业科研战略的要求进行必要调整，使从采购、研发、生产、销售、财务和后勤保障等各环节协调一致，能最大限度地满足市场竞争的需要。四是管理方法和管理技术的创新。按照现代农业产业管理方法实施管埋，并建立先进的计算机信息管理技术，适应世界经济走向全球化的发展需要。

(2)农业产业科研机制的创新　农业产业科研机制的创新包括农业产业科研运行机制、激励机制和竞争机制的创新。运行机制创新要求农业产业化科研按照现代科研院所的发展要素建立新的、高效率的决策机制；激励机制创新通过改革分配制度，实施资本、技术、管理等和生产要素参与收益分配，调动员工的积极性和创造性；竞争机制创新通过实行竞聘上岗、优化组合，提高农业产业化的生机和活力。

【案 例】

天津采取五项措施推进全市农业产业化体系建设

据统计，目前，天津市进入农业产业化体系的农户有78万户左右，占全市农户总数的70%，其中通过合同、合作和股份合作等形式与产业化组织形成较为紧密利益联结的农户达到55%，比2000年提高40多个百分点。天津市农业产业化工作开始进入有组织、有政策、有措施、有目标的快速发展时期。到今年底，全市进入农业产业化体系的农户占全市农户总数将达到75%，比去年提高5个百分点。

目前，全市现有各类农业龙头企业和农民专业合作组织1 953个，其中总资产在1 000万元的龙头企业达到130个，年销售收入超1亿元的企业达10家，市级重点龙头企业90家，国家级龙头企业10家。农业产业化经营通过转变农业生产经营方式，大力发展现代农业，提高了农业素质和综合竞争力，增加了农民收入。

为提升农业科技创新、农业安全保障、农业基础设施保障、农民自我发展、农业政策支持保护等能力，根据天津市“十一五”农业产业化发展规划，今年天津将采取五大举措推动农业产业化进一步快速发展。

一是抓招商引资工作，使龙头企业集群有大发展。以肉类、奶制品、水产品、蔬菜和果品合作制等多种方式，推动企业资产重组，实现资本积聚和资本集中，进一步做大做强。全市龙头企业发展到415个，其中总资产在1 000万元以上的达到140个，年销售收入超过10亿元的龙头企业3个，培育一批全国农产品加工示范企业。

二是抓企业技术创新，使农产品加工业水平有大提高。以奶牛、水产品、蔬菜和果品等优势产业和产品为重点，大力培育农产品加工示范企业。充分利用市级重点龙头企业专项贷款贴息、农产品加工出口龙头企业流动资金贷款贴息和农产品加工企业技术改造贷款贴息等相关政策，不断健全完善加工企业技术创新机制，提高企业自主创新能力，促进农产品加工由初加工向精、深加工转变，提高农产品的附加值。

三是抓生产基地建设，使农业生产能力有大突破。进一步优化农业区域布局，培育“一村一品、一乡一品、一县一品”的产业优势，为农业产业化经营构建坚实的集约化、专业化和规模化的产业基础，加速优势农产品出口基地建设。要新建和改扩建设施水平高、设计合理、生态功能完备的养殖小区 150 个；新建以节能日光温室为主的有一定区域规模的蔬菜种植小区 15 个。再培育一批全国农产品示范基地。

四是抓农业标准化建设，使品牌质量和数量有大跨越。抓紧推进标准的制定和完善，鼓励制定主导产业的产品标准。全市主要农产品基本实现标准化生产、品牌化经营，市级以上重点龙头企业食品类产品要逐步达到无公害和绿色标准。建设合作组织产品直销网络，发展 12 个直销店和 1 个直销超市。实施品牌带动战略，促进品牌向名牌、天津名牌向全国乃至国际名牌升级，进一步提高天津农产品的市场占有率。

五是抓利益联结机制建设，使带动农户能力有大提升。积极探索适合不同产业、不同产品内在发展要求的利益联结方式，提倡和鼓励龙头企业、农民专业合作组织采取建立风险基金、保护价格收购、利润返还等形式，与农户建立紧密的利益联结，引导农民以土地使用权、资金和技术等生产要素与龙头企业结成以资本运营为纽带的利益共同体。

（资料来源：中央政府门户网站）

第五节　组织创新体系

农村组织体系是指建立在一定生产关系的基础之上，与一定的生产力发展相适应的农村政治、经济、文化和社会服务等活动运行的组织形式所构成的体系。当前，我们处于全球激变的时代，这种激变迫使每个国家、国内每个经营组织和利益主体以及每一个人必须改变自己、调整自己、充实自己，从而适应多变的环境。农村组织体系也不例外，它需要不断地创新。

一、现代农业组织创新的双重制度含义：制度创新和角色塑造

现代农业特征决定了现代农业组织的特征。人们在研究分工时发现，技术的进步、生产率的提高、个人间相互作用和依存程度的提高、整个人类社会所拥有的知识的增加、市场一体化程度和市场容量的增大、企业的出现和发展、个人专业化程度和全社会职业多样化程度的提高等，都与分工演进相关联。这里，与分工演进相关联的是市场化、专业化和社会化，从传统农业到现代农业的进程，就是分工的发展。现代农业以互相联系的三个特征，从本质上区别于自给自足的传统农业，即市场化、专业化和社会化。其他如组织化、规模化、商品化以及现代技术水平等特征都是派生的物象特征，是在农业现代化过程中自然实现的，不是规定性的。现代化农业的特征决定了现代农业组织是面向市场配置资源要素，进行专业化生产，广泛参与社会分工协作的有效率的农业组织形式，它的运行机制有 3 个方面。其一，资源配置机制。传统农业以家庭劳动与家庭消费的均衡为机制，在混合农业阶段，以充分利用家庭劳动力，获得比较保险的收入为原则。现代农业则不以组织为边界，而是面向市场，追求利润最大化。其二，激励约束机制。传统

农业组织主要是隐性激励，靠非正规制度约束。在现代农业组织内部，显性激励增强，约束更多是靠正规制度发挥作用。其三，风险分担机制。传统农业是靠传统生产，追求风险最小化，混合农业阶段靠组织内部多样化生产来分解风险，现代农业组织则依靠市场化解风险，而且有较强的风险收益偏好。在市场化、专业化和社会化的制度特征规定下，现代农业组织有着与其运行机制相统一的组织特征。现代农业组织在组织形态、生产要素配置、行为主体等方面表现出其组织特征，如企业化、规模化和组织化等。

现代农业组织创新，是适应农业生产力向现代化水平发展的需要。塑造市场化、专业化和社会化的现代农业发展主体有两重含义：一是建立现代农业组织制度的制度创新；二是进行现代农业主体的角色塑造。作为制度创新，现代农业组织创新是对原有制度安排的调整或改变，是在生产关系方面的革新，其本质是产生一种更有效率的制度，创立和完善一种协调人们利益关系的新制度形式，即企业制度。在交易的社会中，制度安排有 3 种形式，即企业制度、市场制度和政府制度。企业制度不仅是一种规范人们利益关系的制度形式，而且还有利于促进市场制度效率的提高和政府制度的公平。现代农业组织制度创新的核心，是形成一种有效的利益协调机制。作为角色塑造，现代农业组织创新就是塑造现代农业发展主体，培育和吸纳现代生产要素的先进农业生产力组织形式。角色塑造的核心，是塑造农业发展主体的激励机制，实现充分激励。在我国农业发展新阶段和农业市场化进程中，家庭承包经营制度绩效的衰减，在制度意义上表现为原有利益协调机制的失效，新的机制尚未形成，农民利益流失严重，产生农民收入问题。在角色意义上，家庭承包经营制度下的传统农户，在“散、弱、小”的状态下，原有激励机制的激励水平下降，农户发展现代农业的动力不足，进入市场开展竞争的障碍较大，争取公平利益的能力较弱，造成传统农户经营与农业市场化的矛盾。所以，现代农业组织创新的任务，就是在家庭承包制度的基础上，进行制度创新和角色塑造，构造适应市场经济和发展现代农业需要的利益协调机制和利益增进机制。

二、现行农村组织体系分析

（一）现行农村政治组织体系分析

农村政治组织体系是农村政治活动运行的组织保证。农村政治活动包含多方面的内容，如当代我国农村的政治变迁，当前我国的农村、农业和农民问题，农村的村民自治等，这些内容看似是独立的个体，而实际上是相互联系在一起的。顺应我国农村政治发展的要求，农村迫切需要有与之相适应的农村政治组织体系作为农村政治活动运行的组织保证。然而，现行的农村政治组织形式却在一定程度上制约着农村政治的发展，并且日益暴露出诸多弊端。

党的十一届三中全会后，农村政治活动运行由人民公社—生产大队—生产队转变为人民政府—村民委员会—村民小组的农村基层组织形式，这是 1949 年之后政府与农民之间的第一次真正分权。同时，这一组织形式的确立，使农民获得了有限度的自主权和乡村自治权。一份研究报告指出：今天中国的县、乡政治体制是一种“压力型体制”，这种“压力型体制”通过将政府确定的硬指标分解下达，从县、乡（镇），再到村，村再将每一项指标落实到每个农民身上。这就形成了县委（县政府）—乡（镇）党委（政府）—村党支书（村长）连坐制。这从本质上反映了我国农村建立起来的是以牢固的行政关系为特征的管理体制。正是这种体制的存在使某些地区农村政治活动运行处于低效率的被动运作状态。相当多的基层政府和自治组织都把自己的工作重点放在完成上级派下来的硬指标或工作上，而对于自身应该担当的组织农民发展生产、为农民提供生产服务、管理社会治安、发展农村教育文化事业、保护国土资源和生态环境等“软工作”，一般都缺乏应有的积极性，农民提出来的要求和需要解决的问题，更是很难得到满意的结果。在某些地区还存在乱占耕地、教育落后、环境污染、文化生活贫乏等许多问题，这不能不说是该地区政治活动运行低效能的严重后果。另外，农村干部政治水平偏低、农村政治制度化程度较低等，都是现行农村政治组织体系所面临的难题。

(二)现行农村经济组织体系分析

农村经济组织体系是农村经济体制的骨架，是农村经济运行的组织保证。我国农村经济是一个多层次、多要素、多单元的大系统，随着生产活动的高速社会化和市场经济的发展，农村经济组织体系成为关注的焦点。

我国农村现行的双层经营体制是在改革开放初期由农民创建，并得到中央肯定的农村基本的生产经营制度。这种双层经营体制的出现对我国农业的发展、农村面貌的改变和农民生活水平的提高都发挥了不可估量的促进作用。但是，随着市场经济的发展，双层经营体制赖以存在的土壤发生了改变，其弊端逐渐显现出来。

在家庭经营层次方面，其问题和缺陷有：①家庭生产规模过小，不能获取规模效益。超小规模经营增大了生产成本和交易成本，劳动力及农业固定资产得不到充分利用。制约了农业机械化、专业化，也限制了农业技术的推广和使用。②单一分散的农户不适应千变万化的市场。市场经济体制的实行要求商品生产经营活动与市场需求紧密结合，要求生产经营者及时、准确地掌握市场信息。而家庭经营势单力薄，难以独自抵御市场竞争的风险，农户又因缺乏组织、市场信息不足或信息歪曲，生产经营活动难以避免盲目性，从而蒙受经济上的损失。③农户的组织化程度低，难以维护自身权益，在各种经营性或非经营性的组织或企业面前显得无能为力，往往只有被动挨宰的命运。

在集体统一经营层面,其问题和缺陷有:①现行双层经营体制中的集体经济组织与农户之间的联系不是根据市场中的利益关系自愿形成的结合,而是靠农民对土地的依附关系捆绑在一起的,农户没有选择权。②集体经济组织作为市场经济活动参与者的法律地位不明确,它与村委会、村党支部在组织和功能上往往都混杂在一起。③集体经济组织与其成员之间的利益关系不明确,组织内部缺乏民主监督和管理机制,集体经济的透明度不够,集体资产流失严重,农户利益得不到有效的保障。

(三)现行农村文化组织体系分析

农村文化组织体系是农村文化体制的骨架,是农村文化组织运行的组织保证。改革开放以来农村社会所发生的大变革,成为农村文化变化的现实条件和积极因素,农村文化处在急剧的变迁过程之中,这无疑给农村文化组织体系带来了巨大冲击。原有的农村文化活动组织形式,即部分乡(镇)设有专职文教助理,大部分乡(镇)由乡(镇)文化站代行本乡(镇)文化工作和文化设施管理的职能,越来越难以满足广大农民文化生活的需要。加之原有文化体制的弊端,如各类文化组织行政化、衙门化;各类文化组织不是作为独立的利益主体而存在,也不是作为文化艺术事业的生产、经营、服务主体而存在,大多成为一般政治宣传机构;各类文化组织不是按照文化艺术生产、经营自身规律的需要,而是由行政手段按长官意志撮合而成;各类文化组织不具备完整意义上的法人地位,无力独立承担法人义务和责任,实质上成为各级文化行政部门的附属物等,使得农村文化组织体系改革成为一种必然。

(四)现行农村社会化服务体系分析

农村社会化服务体系是指为农业、农村和农民经济活动服务的一系列社会生产组织与部门,它是农村社会服务活动的组织保证。随着我国农村生产力水平的不断提高,尤其是农村市场经济的发展,农村的社会分工越来越细,专业化程度越来越高,新的农村产业和生产经营项目不断产生，从而对农村社会化服务提出新的要求，这就是说农村社会化服务组织建设需要有所发展。

当今发达国家的农村社会化服务体系都有一套比较完整的服务组织，如以美国为代表的工业、商业、金融业直接从事农业生产并为农业生产服务的形式；以德国为代表的农工贸一体化组织形式；以日本为代表的“农业协同组织”等。同国外相比，我国农村社会化服务体系还有相当大的差距。在我国农村现行的社会化服务体系建设中，各级政府在领导力量、政策、措施、物资保障和资金安排及协调沟通等方面都存在着或多或少的缺陷。另外，与服务体系建设相关的经济法律制度还远没有达到完善的程度，服务体系的市场化程度和社会化层次还较低。

三、农业经营组织创新体系建设

（一）积极探索适应市场化要求的管理体制和经营机制

大力推广市场引领下的“公司＋农户”、“基地＋农户”、“公司＋合作组织＋农户”等产业化经营模式，鼓励龙头企业发展“订单农业”、实行二次返利，与农民建立“利益共享、风险共担”的利益共同体；积极扶持加工型、流通型的龙头企业实施品牌战略，发展品牌经营，加快创建国际知名农产品品牌，建立独具特色的区域性“品牌经济”；根据市场的需要，打破地域、行业、所有制界限，把产供销、贸工农紧密结合起来，实现优化组合。

（二）积极发展农民专业合作经济组织和行业协会

采取税收优惠、信贷支持、用地优惠、立项优先等政策，鼓励发展农业营销公司、农业经纪人组织等新型经济组织，重点发展种养大户、加工企业、营销组织等共同组建的产销合作社；按照“民有、民营、民享”的原则，逐步规范专业合作经济组织的运行机制，重点加强民主管理、利益分配、监督约束等方面的规范，使之与农民建立比较紧密的利益关系，进一步提高农民的组织化程度，增强农民抵御市场风险的能力。

(三)积极探索加快农村土地流转的有效办法

在稳定农村土地家庭承包经营制度的基础上,研究制定政策,加快建立区、镇、村三级土地流转有形市场网络。鼓励农民采取转包、转让、出租、互换以及其他符合法律法规规定的方式进行土地流转;鼓励农民以土地承包经营权入股进行合作生产;支持农民专业合作社承接和连片开发经营农民流转的土地;支持集体经济组织参与土地流转。通过多种形式进行土地的集中经营或统一流转;引导各类经营主体参与农村土地流转。允许社会资本和城市工商企业到农村承接、承租土地,单独兴办或与农民联办农业企业。通过土地使用权有偿转让、土地股份合作制和“四荒”使用权拍卖等多种形式,积极推进土地、水面、四荒等使用权流转,发展适度规模经营。

(四)进一步完善农业社会化服务体系和农村社会保障制度

加速农村剩余劳动力向非农产业转移,为农业适度规模经营提供全程配套服务和保障。

【案　例】

“单打独斗”到“抱团发展”
——聚焦柳江县首个协会转型

2008 年 3 月 30 日,柳江县鲁比村葡萄协会召开成立合作社大会,会议通过了合作社章程,选举出了社长和副社长。成立大会上,110 多位村民以股金入股成为合作社的一员。

“现在还有部分村民在观望,相信不久他们也会加入我们的队伍。”合作社的负责人之一张志红说。

鲁比葡萄合作社是自分田单干以来柳江县出现的第一个农民专业合作社。农村专业合作社是继实行农村土地家庭承包制、取消农业税之后，我国农村改革中又一项重大的体制和制度变革。2008年7月1日，《中华人民共和国农民专业合作社法》和《农村专业合作社管理条例》正式实施后，农民专业合作社在全国蓬勃开展。作为柳江发展效益最突出、运行最规范的协会，鲁比葡萄协会率先“试水”。

鲁比葡萄技术协会成立于1999年4月，自协会成立以来，积极为会员提供技术培训和市场信息。同时采取引进经销商与组织外销相结合的办法，做好流通服务工作，把鲁比葡萄推向全国。在鲁比葡萄技术协会的辐射和带动下，附近的两合、黄岭、龙山三个村的农民种上了6 500亩葡萄。近年来，协会还利用有限的资源成功培育了“一年两熟”的鲁比葡萄，为葡萄增产增收探索出了新途径。2003年，协会被农业部授予“全国农村经济专业合作组织先进单位”荣誉称号。

“协会的发展，为合作社的成立打下了坚实的基础。但它还没有把我们的产业充分推向市场。”张志红说道，合作社进一步拓展了葡萄产业发展的空间。他举例：村里葡萄生产用的化肥1年消耗量达500吨，按照每吨4 000元计算，仅化肥一项就要花费200万元；另外，包装葡萄所用的袋子，1亩需要4 000个，按1个0.10元计算，1亩就是400元；还有外包装的泡沫箱……葡萄生产牵涉到很多产业，由于协会缺少资金，这些产业白白给人家赚去了。成立合作社后，有了社员们的股金就可以统一购进化肥、农药、包装箱等，减少了中间环节把成本降低。而更加重要的是合作社可以和其他公司企业一样，名正言顺地到工商部门办理法人注册登记，领取《农民专业合作社法人营业执照》，与其他市场主体签合同、做生意，并可到金融机构办贷款。

“加入合作社后，我们只管放心搞生产就得了。”一个农民说他以前没有加入协会，现在却加入合作社，因为他看到了合作社良好的前景。

“我们已经对100多名社员进行了分工。”张志红介绍说，把20多名技术过硬的农民组成技术服务队，负责田间地头的技术服务；另一部分搞生产物资的统购，剩下的主攻营销。“人人都要努力去做，因为合作社把大家的利益捆在一起了。”

随着农业产业结构的调整，近几年，柳江县逐步形成了莲藕、生姜、桑蚕等特色农业产业。产品是有了，但大多与市场对接的程度低，一些还处在“躲在深闺人未识”的状态。县农经站站长韦尚琴用里雍头菜举例，“里雍头菜素来就有‘菜坛一打开、香满一条街’的美誉。我们的品质不比小洲头菜差，可是小洲头菜放到超市卖，47块钱一箱，而里雍头菜却很便宜。”“关键是农民的观念守旧，没有形成组织。”韦站长谈到，在家庭承包的基础上，合作社通过服务将原本分散经营的农户组织起来，把生产同类产品的产前、产中、产后的相关环节，包括资金、技术、培训等链接起来，形成规模经济效应，解决千家万户生产与千变万化市场的有效对接问题。这是市场所趋。

据了解，目前，柳江县有各类协会13个，下一步该县将逐步引导有条件的协会走合作社的路子。

（资料来源：柳州新闻网）

第六节　资金投入体系

资金，是任何生产部门进行生产的要素之一。农业发展与农业投入密切相关，直接表现为高投入才能高产出，低投入只有低产出，这是农业发展的自然规律，而物质投入、科技投入和劳动投入以及土地要素的投入，无一例外，都依赖于资金投入。因此，在市场经济条件下，如果没有农业资金的投入、农业资源的开发、环境条件改善及农业的发展必将受到限制。

一、资金投入对农业增长的作用

1985 年以前(改革前期),我国农业出现了罕见的高速增长,但同期的农业基本建设投资占全国基本建设投资的比重呈下降趋势,1979～1985 年这一比重分别为 14.07%、14.03%、9.38%、10.71%、9.93%、7.41%、6.80%;与此同时,农村集体和农户个人的农业资金投入数量也在下降。这种现象给人们造成一个错觉,认为我国农业要发展,仅靠恰当的农业政策和科学技术就够了,忽视或不重视农业资金投入。1985 年以后,我国农业发展出现了徘徊局面,人们才逐步认识到农业资金投入的重要性。于是,人们在农业发展"一靠政策,二靠科学"的同时,加上了"三靠投入"。

对资金在经济增长和经济发展中的重要意义,古今中外的经济学家都做过阐述。资金是一种特殊资源,它能够对现实的再生产要素(主要是人力资源和物力资源)进行引导和配置。在商品经济社会中,实物运动总是离不开货币这个媒介的引导,商品经济越发达,货币化程度越高,资源配置过程就越发表现出资金运动在先,以此启动实物运动的特点。没有货币资金的媒介作用,人和物这两种现实的生产要素就难以实现结合,社会再生产也无法进行,更谈不上规模的扩大。正因为如此,资金取得了与现实生产要素同等重要甚至更为重要的地位,成为社会再生产的"第一推动力",它不但是经济运行的起点,而且是经济运行的基础。资金运行状况决定着整个社会资源的配置效率和经济运行效率。

【案　例】

北京加大农业投入 发展都市型现代农业

北京市委书记刘淇在 2009 年北京农村工作会议上指出,北京要依靠科技转变农村经济的发展方式,发展都市型现代农业 。同时,加大对农业的投入,夯实农民增收的产业基础;深化农村改革,拓展农民增收空间。

这次农村工作会议以“加快农村改革、促进农民增收”为主题,明确了“抓改革、强基础、重民生、促增收”的工作思路,并对重点领域做出任务部署。

首先,北京农村的一、二、三产业都应该依靠科技发展都市型现代农业,充分发挥首都的科技智力优势,提高农村经济的科技水平和技术含量,提高农村劳动生产力。开发农业的生产、生态、生活、示范等多样性功能,拉长产业链、把农村的产业资源与城市的生产要素更好的结合起来,在服务首都的同时,富裕农民。北京农村出色地完成了奥运服务保障工作,现在要转化奥运成果,打造首都品牌,建立农产品质量安全体系,在农产品投入、生产、加工、配送、销售等各个环节,实施全程质量安全监控,形成完整的农产品质量安全体系,以提高北京市农产品在高端市场的占有率和控制率。同时,大力发展设施农业和非农产业,强化农民技能培训和就业服务,围绕设施农业。加快现代农业产业技术体系建设,开办农民田间学校。培养种植能手、科技示范户和乡土专家,加大农业技术的推广力度。

其次,坚持“多予、少取、放活”的方针,要重点在放活上下工夫,加快农村各项改革,增强农民增收的内在动力与活力。深化农村土地制度改革,依法保护土地所有者权益,强化对土地承包经营权的物权保护。要制定专门政策,促进农户土地承包经营权流转,年内完成市和区(县)两级农村土地流转信息平台建设。同时,全面推进乡村集体经济产权制度改革和金融体系改革,加大公共财政投入力度。

最后,要抓住扩大内需的历史机遇,加快城镇化和新农村建设步伐,创新建设与管理模式,推进基本公共服务均等化,拓展农民增收空间。北京已经进入工业反哺农业阶段,加大对农村基础设施的投入，要继续加强对村庄街坊路硬化和两侧绿化、供水老化管网改造、污水处理、垃圾处理和厕所改造的五项基础设施建设。加大对农村社会保障制度上的投入，加快郊区农村社会事业、卫生站、山区教育、文化站的发展，从而缩小公共服务的城乡差距。

（资料来源：中国广播网）

二、影响农业资金投入的因素

农业资金是农业发展的第一推动力和持续推动力。农业资金投入不足，必然引起农业综合生产能力的下降。

(一)农业资金投入主体因素

改革开放以来，农户取得了经营农业的主体资格。农业投资主体多元化格局已经形成，并在改革开放伊始适应了农业生产力的发展，使农业生产大幅度增长，农民收入有所提高，生产条件有所改善。但是“七五”末及“八五”期间，农业生产徘徊甚至滑坡，其主要原因在于农业投入水平的下降，特别是近年来，3个主要主体（即政府、集体和农户）的资金投入总量虽有所增长，但比重均呈下降趋势。其原因如下。

1. 政府财政投入农业资金方面 第一，由于农业投资主体多元化格局的逐渐形成，国家在农业投资领域的地位逐渐弱化，甚至各级政府有了将农业问题推给农民的思想，并且改革带来的活力和农民对“温饱”问题的冲刺动力及风调雨顺的自然因素，形成了农业连续多年丰收的乐观形势，也加速了财政支农资金的减少。第二，由于农业对地方财政收入的直接贡献又相对较小，在实际决策过程中，为了获得额外利润，将地方财政支出中相当大一部分投资到回收期短、见效快、价高利大的非农产业，使得各级地方政府对增加农业投资相对弱化，甚至常常出现把农业投资转移出去的现象。

2. 集体经济方面　农村实行承包责任制后，由于种种原因，忽视了对集体经济的巩固和发展，致使集体作为农村的一级组织，已无力承担对农业的大规模投入的职能。这直接表现为：许多以往建设的农业基本建设工程年久失修，无力恢复正常运转。

3. 农户投入资金方面　①小农经济观念。日出而作，日落而息，男耕女织，夫唱妇随，这种传统的劳作方式，造就了不思进取、小富即安的精神状态。再加之长期计划经济体制的影响，上级叫种什么，就种什么，生产资料到供销社买，产出粮食往粮站卖，习惯于循规蹈矩，害怕冒风险，以求温饱为目标，产品经济意识浓厚，对发展商品生产不适应、不习惯，自然也没有向生产深度、广度进军的意识。另外，经济条件稍有改善的农民，商品观念淡薄，受传统习俗的影响，首先注重的是生活条件的改善，甚至出现红白喜事大操大办等攀比之风，超前消费必然挤占生产积累资金的增长。②农户经营规模过小，经营方式单一，限制了农业资金投入量的增加。我国农业最基本的集体所有制决定了集体成员承包耕地机会的均等，采用了平均分配的原则，而人多地少的矛盾必然造成耕地经营规模细碎化，致使农业资金使用分散化，从而在一定程度上排斥了现代农业工程要素的有效配置和农业技术投入。③农户经济收入增长缓慢，自身经济基础薄弱，用于生产积累投资乏力。

(二)农业资金投入的政策与体制因素

经济政策是政府为保证经济协调发展所制定的有关及相应的法律法规。一项经济政策的实施必然引起经济资源的变动，产生经济利益格局的变化，其效果如何是相关的经济利益主体各方十分关心的问题。而一个国家的政策又是由一系列政策组成的政策体系。各个政策的制定与实施，应该有各自的目标，但有些政策目标处在矛盾之中，实施与实现也具有不同步性，甚至其结果具有不确定性。特别是农业政策，由于农业是高风险产业，其政策问题的复杂性、高度的政治性，以及农业政策的制定者、执行者和对象的主观因素等，使得政策执行起来难度更大。我国经济政策及农业政策制定与执行，对经济发展的正负效应是明显的，对区域利益及资源要素的流动影响甚至是直接的。

1. 经济政策倾斜的影响　国家政策，特别是投资政策的倾斜，不仅使中西部与东部的经济发展机会不等，而且资金支配总量减少，用于农业投资更是有限。与此同时，国家又无其他有效保证农业投入的政策，或者对农业投资的职责缺乏严格的界定，在"划分收支，分组包干"的财政体制改革中，各级政府拥有了财权、物权和投资权，在各级局部利益和近期利益的驱动下，地方投资政策也出现了严重非农化的倾斜，致使中央、地方两级农业投资下降，加剧了农业投资不足的矛盾。

2. 体制因素的影响　投资体制是制约农业投入的主要因素之一。我国现行投资政策主要依据各个产业是否为国有经济为目标，而我国农业主要是农村合作经济组织和农户经营，这就从总体上决定了政府投入在农业方面的财力是有限的。

三、农业资金投入管理使用中存在的主要问题

（一）财政部门虚假配套、滞留、挤占专项资金以及项目主管单位挤占、挪用和违规提取手续费问题严重

由于地方政府为了加快当地的发展，或出于怕影响当地的利益等原因，积极争取上级对农业专项资金的投入，并承诺由地方财政配套短缺资金，但因财力不足，地方配套资金的承诺往往成了一纸空文。就国家投资的有限农业专项资金也常常被财政部门挤占、挪用，用于发放干部工资，弥补财力缺口。项目主管单位由于财力制约，无法保障正常的工作经费，客观上为挤占、挪用农业专项资金提供了条件，往往以各种理由和借口想方设法多提管理费，除用于正常的工作外，还用于发放补助、奖金，购置小汽车，改善办公条件等。

(二)项目主管单位集项目考察、论证、申报、资金的投放、验收为一体,责任不明,把关不严,没有相应的监理、监督机制

权力的集中、制度的不健全,使农业专项资金项目中出现以下问题:一是用旧的建设项目抵顶新建项目,编制虚假的会计资料蒙混过关。二是项目资金没有真正用于项目。三是列人情项目、关系项目,资金投放到没有效益的项目上,造成损失浪费。四是政府部门为了出政绩或为了给上级交账等原因,将资金投放到过去治理程度高、基础好的地方,形成重复投资和建设,造成不必要的浪费。五是擅自改变计划项目建设内容、地点和投资额度。

(三)项目资金财务管理混乱,虚列支出,套取资金和私设"小金库"、账外账

由于一些项目主管单位和实施单位的负责人财经法纪观念淡薄,置国家的财经法规于不顾,把项目资金的管理作为手中的权力,为小团体及个人谋取好处。突出表现在:一是个别乡镇的主要领导染指项目资金,既管钱,又做工程项目,又领款,没有制约和约束。二是部分项目单位的工作人员在项目资金中报销费用,更有甚者暗地里领取补助和好处费、辛苦费或直接参与项目的施工,领取项目款。三是部分项目实施单位将提取的管理费、手续费不入账,私设"小金库"。四是项目实施区大部分不设置账簿,谁争取的项目,谁要的钱就任谁摆布,群众反映强烈,意见很大。

四、健全农业资金投入体系的对策建议

(一)建立健全各项制度,规范行政行为

第一,根据国家农业资金管理使用的制度办法,结合县级实际,制订县级农业资金的管理使用办法,实行项目计划、资金投放、工程决算情况三公开、增加项目运作的透明度、实行阳光作业,接受社会的监督。

第二,加强监管力度,对涉农资金的违法违纪问题要加大处理

处罚力度，改变过去只对单位经济处罚，而忽视对责任人的处理处罚，做到对严重违纪问题，既对单位经济处罚，又对责任人处理处罚，同时对重大违纪问题采用信息、报告、通报和新闻媒体等方式公开予以曝光，以起到震慑作用。

第三，各涉农资金部门要加强合作，互通项目的计划、资金发放情况，以防形成重复投资，财政部门要在做预算安排时充分考虑上述部门的经费，确保其工作的正常开展，从根本上杜绝违规提取费用和挤占挪用。

第四，建立农业资金项目库，严格实施项目管理，组织专家学者对项目进行充分的调研论证，确保项目的科学性，使农业资金发挥最大的效益。

(二)提高认识，强化管理

农业专项资金投向直接面对农村，受益的是农民群众，为此要把管好、用好农业专项资金，作为实践"三个代表"重要思想的具体行动，作为维护党的农村路线政策不折不扣的贯彻执行的高度上来认识。同时，要树立良好的财经法规意识，模范执行党的路线、方针、政策。

(三)逐步扩大金融信贷的资金调节作用

随着市场经济的建立和逐步完善，金融信贷资金在农业投入资金体系中的比例将日益加大，信贷资金经营范围也将从过去简单再生产领域扩展到扩大再生产领域。从目前一些发达资本主义国家的情况看，在农业生产经营活动所需的资金总量中，信贷资金均占有很大比重，如美国目前为 40%，德国大体也是这一水平。我国由于农业发展水平和商品率不高等因素，不能同上述国家简单类比，但应保持金融信贷资金中农贷资金的比例稳中有增。逐步增加信贷资金比重，必须做好以下工作：①规范农业微观主体行为，逐步建立农村组织机构。②农业金融信贷资金的投入制度化。③继续推进金融体制改革，培育农村资金市场。

（四）切实强化财政对农业的投资

按照“工业反哺农业，城市带动农村”的要求，加大政府财政支农力度。在新的投入机制中，国家的投入责任加重了，它不仅在引导集体和农民对农业的整体投入方面有着积极的作用，而且在大江大湖的治理、农业科学研究、重大农业新技术的推广等方面，有着不可替代的作用。从这个意义上说，没有国家对农业的资金投入，就没有农业生产赖以稳定增长的物质基础。因此，国家要高度重视财政支农政策，强化财政对农业的投资。当前，首要的问题是下决心改变我国财政对农业投入过低的格局，确保支农投入与国家财力的同步增长。

（五）加强农业基础设施，建设改善农业投资环境

农业投资主体的投资行为，在很大程度上是对现实环境的一种反映。投资中出现的一些问题，在很大程度上是农业投资环境不良的表现。因此，创造一个良好的投资环境至关重要。一方面，搞好农村的交通、能源、通讯等基础设施建设，为吸收农业投资创造良好的基础环境；另一方面，围绕农业生产的经营过程，建立健全相应的服务体系及配套措施。改善农业投资环境的过程，是促进农业生产系统发展的过程，是协调包括“农业产前部门，农业生产部门，农业产后部门”的大系统的过程，是创造出一个良好的农业投资的组织环境和社会环境过程。因此，必须高度重视以农业社会服务为主体的农业投资环境的改善和优化，为提高农业投资效益创造条件。

【案　例】

辽宁海城市加大设施农业资金投入
推进设施农业大发展

海城市采取多种措施加大设施农业的资金投入，推进设施农业的大发展、快发展。

海城市紧密结合实际，建立了以政府投入和对上争取资金、争取政策为牵动，以社会化投入为主体的设施农业多元化投资体系。首先是逐年加大市财政投入力度，设立设施农业发展专项扶持资金，列入市财政年度预算，逐年扩大投入规模，进一步完善了设施农业重点镇区和园区基础设施和整体环境。特别是为了充分发挥海城市民营经济发达、工商资本雄厚等优势，调动广大农民，特别是工商大户投资设施农业的积极性，海城市积极对上争取资金政策，不断修订完善设施农业鼓励扶持政策。

其中，对于在鞍羊线和鞍营线设施农业产业带上新建温室小区，每栋温室给予补贴 3 000 元；新建的畜牧小区，每栋棚舍给予补贴 3 万元。在“两线”上新建的设施农业小区，采取“以奖代补”方式，直接对基础设施建设投资补贴，基础设施建设补贴以标准设施农业小区为单位进行投入。同时，对于在“两线”上新建的温室及畜牧棚舍，海城市还帮助协调金融部门，给予信贷支持，并在年度信贷计划中优先发放。这些政策极大调动了社会投资设施农业的积极性，一大批工商大户如中小丰茂农业有限公司、中小三星生态农业有限公司、八里东三道金鑫有限公司、高坨三合牧业有限公司纷纷进入规划区内，投资发展设施农业。到目前，全市设施农业累计投入资金 3.2 亿元，新建标准化温室大棚 1.5 万栋，现代化养殖小区 170 个。设施农业小区新修配套道路 3 600 公里，打井 5 000 眼，架设输电线路 18 公里，植树 6 万株，为设施农业发展奠定了坚实的基础。

（资料来源：第一食品网）

第七节　现代农业企业管理

一、现代农业企业的概念

农业企业是一个历史的范畴，随着社会生产力、生产关系和经济形式的发展以及社会分工的细化，对农业企业的理论概念及界定有一个从传统向现代的认识发展过程。目前，对如何界定农业企业，国内有不同的说法。

《中国企业管理百科全书》这样界定："农业企业是从事农、林、牧、采集等生产经营活动的企业"。这个概念中只强调农业生产经营性企业。与之相区别的，以《中国农业百科全书》为代表，认为"农业企业是以经营农业为主或为农业生产服务，实行独立核算的生产经营单位"。这里，较明显的是比前一个定义增加了"为农业生产服务"的修饰词。按照后一定义，农业企业还包括为农业生产服务的企业。现行我国《农业企业管理》等教材里对农业企业的界定偏向后者，如姜克芬，郑凤田(1998)在《中国农业企业经营管理学教程》中这样定义："农业企业是指从事农业商品性生产经营或服务，实行自主经营、独立核算、自负盈亏，具有法人资格的经济组织"。

通过借鉴企业的概念，立足"十字型大农业"(于光远，1982)的基础，以现代农业作为背景，着眼中国农业企业的发展现实和趋势，可将现代农业企业定义为：基于农、林、牧、副、渔和供、产、销的"十字型大农业"，以现代企业的生产经营方式为主，进行现代专业分工协作，独立经营，自负盈亏，从事商业性农业生产、加工和服务的各类涉农经济组织的统称。它包括从事种植、养殖、加工、流通、农业中介、农业科技等相关领域的企业。

【小知识】

一种新型的现代农业企业

以小商品市场闻名于国内外的浙江省义乌市，1996年以来部分经商办厂率先致富的企业家，在初步完成资本原始积累后，致富思源，富而思进，把尚未参与经济运行的闲置资金，投资于效益农业，从事农业综合开发，创办现代农庄。到2000年底止，全市已有70多位私营工商企业家创办现代农庄，投入资金3亿多元，共开发荒坡、荒地、荒滩、荒水800多公顷。现代农庄的经营主体，绝大多数是私人经营，个别的是股份制经营。各农庄占地都成一定规模，基础设施配套，机械设备先进，交通网络基本形成。他们的闲置资金投资农业综合开发的载体，直接产生了经济效益，至今各种投资方兴未艾。

义乌市近年崛起的现代农庄，是以市场为导向，高新科技为支撑，持续发展为目标，经济效益为中心；实行生产集约化，布局区域化，经营规模化，管理企业化的现代农业企业，是适应农业结构战略性调整的一种重要带动力量，标志着农业正在朝着现代化的方向迈进。

义乌市的现代农庄，一个突出的鲜明特征，就是各有自己特色的主导产业，按其功能定位大致可分4种类型。

第一种，种植型。这类农庄主要栽培高科技、高投入、高产出的优质蔬果、名贵花卉、苗木以及可供开发医疗、保健品的高档作物。如义金农庄专业从事优良果木、高档花卉品种的引进、繁育、推广。百姓农庄主要发展无土栽培的蔬菜生产，为当今农业的一种高新技术。

第二种，养殖型。这类农庄主要养殖珍稀畜禽、鸟兽以及特种水产。如大鲵养殖场，投资1 000万元，人工养殖娃娃鱼，恒旺养殖公司4个油毛毡大棚，每个大棚养鸭8 000羽。全年养鸭45 000羽，年产鸭蛋600吨，加工鸭蛋1 500万枚。

第三种，种养结合型。创办于1996年的农艺山庄，以种植开发具有药用、护肤、美容、保健、美化环境多种功能的芦荟及其系列化妆品为主，芦荟品种有10多个，数量已超50万株。同时，栽培优质果木、花卉、盆景100多种。养有孔雀、鸳鸯、七彩山鸡等珍禽异兽和甲鱼等特种水产20多种，是种养加销综合经营的一个现代农庄。

第四种，观光型。这是适应人民生活水平提高，创造幽雅环境，购置各种设备，融观光、休闲、娱乐于一体的现代农庄。

（资料来源：浙江农业信息网）

二、现代农业企业的主要特征

（一）实行现代企业制度

现代企业制度是指以完善的企业法人制度为基础，以有限责任制度为保证，以公司企业为主要形式，以产权清晰、权责明确、政企分开、管理科学为条件的新型企业制度，其主要内容包括：企业法人制度、企业自负盈亏制度、出资者有限责任制度、科学的领导体制与组织管理制度。

现代企业制度与传统的国有企业制度不同，与改革以来形成的过渡性企业制度也不同。这种不同不是形式上的、次要方面的，而是实质性的、主要方面的，表现在：

第一，通过建立和完善现代企业制度，国家依其出资额承担有限责任，企业依法支配其法人财产，从而改变以往政企不分，政府直接经营管理企业，承担无限责任，企业则全面依赖于政府的状况。

第二，企业内部建立起由股东大会、董事会、监事会、经理层构成的相互依赖又相互制衡的管理结构,党组织在贯彻党的路线、方针、政策上发挥监督保证作用,从而改变以往企业领导体制上权利不明、责任不清、要么"一元化"领导,缺少监督制约,要么相互扯皮摩擦、内耗过大的状况。

第三,企业以生产经营为主要职责,有明确的盈利目标,改变以往企业办社会,职工全面依赖企业,企业对职工承担无限责任的状况。

第四,企业按照市场竞争的要求,形成适宜的企业组织形式和科学的内部管理制度,从而改变以往作为政府行政体系附属物,大而全,小而全,内部管理落后的状况。

第五,企业各种生产要素有足够的开放性和流动性,与外部的资本市场、经营者市场、劳动力市场及其他生产要素市场相配合,通过资产的收购、兼并、联合、破产,通过经营者的选择和再选择,通过劳动者的合理流动,使企业结构得以优化,竞争力得到有效提高,从而改变以往生产要素条块分割、封闭呆滞,优不胜、劣不汰,行政性重复建设严重的状况。

(二)以现代科学技术为基础

现代农业以现代科学技术为基础,随着科技的不断进步,特别是近几十年来计算机技术、信息技术、生态科学、设施农业技术、能源科学等高新技术不断向农业领域渗透,一场世界性农业科学技术革命正在形成,农业企业无疑将面临科技环境变化的巨大压力和挑战。实践证明,企业对现代科学技术的依赖性将愈发突出,设备更新,新材料、新工艺的运用,新产品的开发和创新,以及对智力创新人才的引进和培养等将成为农业企业发展的关键。科学技术是第一生产力,未来市场、产品的竞争说到底是知识、智力的竞争,科技创新的竞争。

(三)以现代管理方法为手段

现代管理方法,同人类的一切知识一样,来源于人类的实践活动，是随着人类社会实践的发展和科学技术的进步而不断发展起来的。人们在协调群体的活动以实现一定目的的过程中，根据管理任务和管理对象的情况，制订出达到既定目标的活动方式。现代农业企业管理要求采取现代化的管理方法与之相适应。强调管理方法的现代化就是要改变传统落后的单纯依靠行政方法、经验管理方法的旧习惯，将人类在自然科学和社会科学方面的积极成果，有效运用于企业管理的实践，实现企业管理的科学化和现代化。如决策理论中的排队论、库存论，生产管理中的准时制，营销管理中的绿色营销、电子商务等。另外，在管理手段方面，最大的变化莫过于计算机在企业管理中的广泛应用，给企业管理带来的一系列革命性的变化。

（四）实行产业化、规模化经营

农业企业的产业化、规模化经营是社会生产力发展的必然结果，也是现代农业企业发展的客观要求。农业产业化，在国外通行的叫法为“农工商、产供销一体化”，“农业综合体”或“农工联合体”。在发达的市场经济国家，农业产业化及规模化早已成为现实，并有很大的发展。如西方发达国家的现代农业食品生产企业，大多是以食品加工部门为中心，组织农产品的生产和市场销售，形成一条龙式的产业链。产业化必然带动规模化的发展。实践证明，农业企业的产业化、规模化经营，能充分发挥产业链诸环节的协同效应和利益共同体的组织协同功能，有利于突破传统农业产业被割裂的体制障碍和农户规模不经济的“瓶颈”，有利于发挥产业化优势和规模经济效益，提高企业的竞争力。农业企业产业化和规模化经营，代表了现代农业的一个发展方向。

三、现代农业企业发展面临的新背景

众所周知，现代农业企业的发展同工业企业一样，都是在市场经济这个平台上运作，其面临的竞争环境将越来越严峻。具体分析现代农业企业发展所面临的新背景，主要表现在以下几方面。

（一）知识经济背景

自20世纪90年代末期，以美国“新经济”出现为特征，人类走进了知识经济时代。在这个时代，知识资本已成为企业最重要的资源。一个企业的发展，一个国家的繁荣，都将依赖于知识的不断创新加工、传播和应用。在这个时代，越来越多的企业以创新能力来弥补物资、资本的不足。因此，知识经济背景下，不断创新是企业发展的基础和核心。同样，现代农业企业也应该在产品、生产工艺、组织管理制度和技术等方面不断地进行创新。

（二）贸易呈现自由化、全球化发展背景

随着我国加入世界贸易组织，由于关税保护政策的逐步消失，国际国内贸易将形成自由化、一体化、全球化发展态势。现阶段，我国农业企业生产规模小，生产结构不合理，与国外农业企业相比有着巨大的差距。在贸易自由化、全球化的背景下，我国的农业企业要想与国外的农业企业展开公平的竞争，只有转变观念，大胆地对企业生产结构进行战略性调整。

（三）人才竞争的背景

人力资源是一种具有特殊创造性的资源，经济的增长需要对人力资源的开发与管理来实现。由于贸易自由化，国外跨国商业公司将会把争夺人力资源作为进攻中国市场的重要手段。现阶段我国农业企业人才稀缺已是一个众人皆知的事实。要使我国农业企业快速发展，必须重视人力资源的开发和利用。

（四）现代农业企业组织特征发展背景

21世纪的工业企业结构和管理系统正在经历革命性的变革，企业已经变得精干、扁平、灵活、以团队为基础、与顾客和供应商结成紧密的网络、重视质量，以及在取向运作上具有全球性质。同样，现代农业企业组织的发展亦必然会形成这些特征，一切工业企业组织的特征都会发生在现代农业企业中。

四、我国农业企业发展的制约因素

我国农业企业发展由于起步较晚,基础薄弱,生产和管理水平不高,与国外大型跨国农业公司相比,无论在经营规模、产品竞争力,还是管理方面都存在着较大的差距。目前,从我国农业企业发展情况来看,其面临的制约因素主要包括以下几个方面。

(一)技术制约

我国对农业科技的投入长期不足,使得国家农业技术创新体系建设滞后,创新能力较弱。作为技术创新主体的企业,长期存在主角缺位现象,农业企业更为突出。受农业自身发展特点的影响,农业企业长期以来对技术创新重视不够,技术创新机制不完善,技术创新投入严重不足,技术人才更是缺乏,产品更新周期较长,导致多数农业企业产品技术含量较低,严重制约企业发展。

(二)管理制约

由于受农业企业生产的自然性、风险性、分散性等自身特点的影响,加之传统的小农意识羁绊,农业企业在经营上多是单环节运作,没有按照产业链条发展进行生产和经营,缺乏有效的产业化经营机制,造成了资源的浪费和低效,进而影响了企业效益。同时,农业企业从管理理念、管理目标到管理策略、管理组织等都较为传统,习惯于沿袭传统的管理理念,管理目标短期化,管理组织模式单一、僵化,管理创新严重滞后。

(三)规模制约

尽管在农业企业中出现了中牧股份、中水渔业等大型上市公司,但其规模与其他非农产业公司相比,无论从规模还是经济实力等方面都存在较大差异,农业公司还是我国企业群体中的"小字辈",对区域农业支柱产业的形成和区域经济的发展带动作用较小。

(四)资金制约

由于历史的原因,农业企业起步较晚,原始积累基础薄弱,多为农民自筹或单位积累,缺少初始资本是困扰农业企业迅速发展的主要因素之一。再加上农业企业为低利长期回报产业,自身资本积累速度较为缓慢。另外,大多数农业企业多是中小企业,由于其风险较大,信用等级不高,与金融系统严格的信贷条件不符,中小企业贷款困难的现象在农业企业中非常突出。

五、农业企业管理的含义

所谓农业企业管理,概括地说,指的是为了一定的需要和目的,对农业企业的活动进行预测、决策、计划、组织、指挥、监督和调节活动。它的内容包括如何使许多参与共同劳动的劳动者,有秩序地、高效率进行生产,以及如何科学地、合理地组织和使用人力、物力 、财力、用最少的活劳动消耗和物化劳动消耗,取得最大的经济效益。农业企业的管理,作为一种生产性活动,归根到底是为了合理组织农业生产力,以便取得最佳经济效果。

农业企业的管理,是通过彼此存在着密切联系的技术—组织和社会—经济这两个方面进行的,或者说是这两个方面的统一。技术—组织方面,是指生产过程中技术和工艺因素的结合。它必须与生产力发展水平相适应。任何社会的劳动过程都必须有这种结合。社会—经济方面,产生于每个社会形态特定的生产关系,它最终也要影响技术—组织方面。农业企业管理,作为指挥生产的一般要求,执行合理组织生产力的基本职能,表现为一切协作劳动的普遍形态,为一切社会化生产所共有。这是它的自然属性,主要取决于生产力发展水平和劳动社会化程度。

六、现代农业企业管理应具有的基本理念

(一)可持续发展的理念

由于农业生态环境所形成的自然力,是制约农业企业投入产出率以及生存和发展的一个极其重要的因素。我国传统的掠夺性、粗放型的农业企业经营方式,忽视生态环境,以牺牲环境求发展,导致大量有限的农业资源的无序开发和利用,使得本已日渐恶化的农业生态环境面临更深的危机,给人们的生存和持续发展以及农业企业自身的生存和发展带来了直接的威胁。

【小知识】

可持续发展

可持续发展(sustainable development),亦称“持续发展”。1987年挪威首相布伦特兰夫人在她任主席的联合国世界环境与发展委员会的报告《我们共同的未来》中,把可持续发展定义为“既满足当代人的需要,又不对后代人满足其需要的能力构成危害的发展”,这一定义得到广泛的接受,并在1992年联合国环境与发展大会上取得共识。我国有的学者对这一定义做了如下补充:可持续发展是“不断提高人群生活质量和环境承载能力的、满足当代人需求又不损害子孙后代满足其需求能力的、满足一个地区或一个国家需求又未损害别的地区或国家人群满足其需求能力的发展”。还有从“三维结构复合系统”出发定义可持续发展的。美国世界观察研究所所长莱斯特·R·布朗教授则认为,“持续发展是一种具有经济含义的生态概念……一个持续社会的经济和社会体制的结构,应是自然资源和生命系统能够持续维持的结构。”

可持续发展包含两个基本要素或两个关键组成部分:“需要”和对需要的“限制”。满足需要,首先是要满足贫困人民的基本需

要。对需要的限制主要是指对未来环境需要的能力构成危害的限制,这种能力一旦被突破,必将危及支持地球生命的自然系统如大气、水体、土壤和生物。决定两个要素的关键性因素是:①收入再分配以保证不会为了短期存在需要而被迫耗尽自然资源;②降低主要是穷人对遭受自然灾害和农产品价格暴跌等损害的脆弱性;③普遍提供可持续生存的基本条件,如卫生、教育、水和新鲜空气,保护和满足社会最脆弱人群的基本需要,为全体人民,特别是为贫困人民提供发展的平等机会和选择自由。

(资料来源:中国21世纪议程)

(二)"绿色"理念

所谓"绿色"是指一种意识,一种理念。"绿色"是指来自最佳生态环境,带来最强生命力的绿色希望。"绿色产品"、"绿色消费"、"绿色营销"已成为一种新的时尚、新的潮流。"绿色运动"的崛起和发展将对企业的传统管理特别是对农业企业产生巨大的影响和深刻的变革。伴随"绿色运动"的发展,"绿色管理"将成为现代企业代表先进生产力及高度社会文明的一种新的管理理念,即对企业整个生产经营过程实行绿色过程管理,包括利用绿色资源、开发生产绿色产品、开发绿色营销、引导绿色消费等。

(三)创新理念

未来的竞争将主要表现为人才的竞争、知识的竞争和智力的竞争,而这一切说到底,是企业间创新力的竞争。随着我国农业企业的不断发展,技术制约、管理制约已经成为目前我国农业企业发展的"瓶颈",加入WTO后随着拥有高科技含量产品、现代化管理水平的国外大型农业跨国公司的入驻,会使我国农业企业技术创新、管理创新滞后的负效应更为明显,这也是现阶段我国农业企业发展缓慢的根本原因所在。因此,在企业的整个生产经营管理中,必须树立创新理念,建立起企业管理创新体系,开拓和开展创新管理，以创新求生存，以创新求发展。

（四）制度理念

邓小平同志曾经尖锐地指出，与工作方法和个人素质相比，“制度管理更带有根本性、全局性、稳定性和长期性”。制度理念的重要性在于，它不仅致力于让每一个群体变得强大而有力，更致力于使特定的群体在整体上变得强大而有力，它的目标是形成一种由协作而来的集体力。对我国来讲，由于没有经历资本主义发展阶段，缺少相应的规章制度建设，企业员工也就很少经历严格、精确、自律精神的洗练。因此，我国企业加强制度建设，从许多基础的东西做起显得更加急迫和需要。

【案　例】

“煮鸡蛋”背后的管理之道

一个中国人和一个德国人每天的早餐都是一杯牛奶和一个鸡蛋，中国人把鸡蛋往锅里一放，然后出去洗漱或干点别的，等再回来鸡蛋就煮好了。但德国人会用一个差不多刚好装得下一个鸡蛋的专门容器，下面焊一个托盘，然后加满水，1 分钟水就开了，3 分钟就关火。关火之后他利用余热再煮 3 分钟，把鸡蛋煮到刚刚达到营养价值最高的状态。接下来用凉水泡 3 分钟，使这个鸡蛋很好打开，德国人认为这样做很标准。

跟中国人相比，它节约了 4/5 的水、2/3 的热，同时还让鸡蛋达到了最佳的营养状态。德国人在煮鸡蛋的过程中摸索出了一套非常适用的煮鸡蛋程序和控制办法，并严格执行，结果每次用水耗热最少，鸡蛋营养还最大。而中国人只求鸡蛋煮熟，并没有注意观察并认真总结煮的学问，在煮的方式方法中较之德国人有明显的浪费现象，而且破坏了营养价值。

拿这个故事来分享，并非要诋毁中国人而赞美德国人，而是透过这种现象来剖析给我们的启示。在能源日趋紧张的今日，在美国次贷危机给中国企业带来的种种冲击的当下，其给我们的警示和启发尤为明显。

思考一：企业运营成本的降低到底靠什么？

这个问题似乎不应该成为问题，因为很多人立即会说："靠管理，靠制度，靠员工的主人翁态度！"。这个回答很正确，但问题是如何管理，建立什么样的制度？员工的主人翁态度如何来？管理者又以什么样的管理心态和管理方式来进行有效的管理？

我们经常听到这样一句话，老板或者上司对他的下属下达工作指令："我就要这个结果，如何得到这个结果我不管！"。乍然一听有道理啊，如果如何做我都告诉你了，我还要你们这些下属干吗？然而，在得到这个结果的过程中，每个人的做法是不同的，诚如德国人和中国人的煮鸡蛋，尽管看似你要的同样结果——一个煮熟了的鸡蛋，但其资源的损耗和营养价值却截然不同。过程论和结果论，一直是在喋喋不休争论的一个话题。在企业成长过程中，一定会经历由只求结果不管过程到在合理控制过程中达成理想结果的演变。

思考二：制度与习惯博弈谁是赢家？

看着上述煮鸡蛋的案例，也许很多人在没有得到对德国人做法所带来的资讯之前会不以为然，并很赞同中国人的做法，因为我们绝大多数人就是习惯这样做的。就是在看到这些好的同时又有几个人会改变现在的煮鸡蛋法呢？

在很多企业，经常发现很多工作没有标准，每个人只是按照自己的理解和习惯在进行着工作，其结果自然差异很大。而习惯的东西往往会蕴藏着很多的不合理。一个真正的管理高手，是让合理制度建立的同时，让员工有效执行，并使这种执行成为他工作的习惯并彻底摒弃他们原有的不良习惯！

而制度与习惯的博弈，往往是需要一个过程。这个过程的长短取决于制度的合理性和管理监督的力度。任何人都有想犯规的欲望,只是可能有警察或电子警察的监督,才不敢轻易闯红灯。今日看到南京对行人违规闯红灯过马路进行各类媒体曝光的办法,结果交通状况大有改善。问题是,这种方式能坚持多久?我们的交通法规是否合理?是否能坚持到让广大民众真正改变习惯呢?

煮熟鸡蛋是容易的,而真正煮好鸡蛋也不是太难的。难的是每次都煮好鸡蛋并变成一种习惯或能力!你会改变你的煮鸡蛋方式吗?

(资料来源:中国 MBA 网)

第八节　都市型现代农业的评价指标体系

都市型现代农业的发展是一个渐次递进的过程,在这一过程中,需要制定一个客观的、科学的衡量标准来规范并指引其发展,为此就需要构建都市型现代农业评价指标体系。指标体系是都市型现代农业评价的根本依据,都市型现代农业评价指标体系设计的成功与否决定着其评价效果的真实性和客观性。因此,为了准确而合理地评价各地都市型现代农业发展的阶段与水平,必须首先构建都市型现代农业评价的指标体系。

一、都市型现代农业评价指标体系构建的原则

(一)科学性原则

选用指标及标准要求能充分反映不同地区都市型现代农业的发展水平和经济状况,同时又要考虑指标体系的超前性和地区间的可比性,即所选用的指标宜全国通用。

(二)系统性原则

都市型现代农业的发展是一项复杂的系统工程,要想准确评价它的运作情况,就必须运用系统论的观点,将总体目标层层分解再进行综合,并体现出系统的层次性和各子系统的独立性与相关性。

(三)可操作性原则

建立评价指标体系要求指标概念明确、直观、计算方便、资料易于收集且指标数量适当。指标过多虽然可以提高评价的精确性,但却易陷入庞杂的统计和计算中,操作难度加大;指标数量过少,则有可能漏掉反映园区特征的重要因素,缺乏适用性。因此,在设置指标时,不盲目追求指标体系"万能",而是尽量提高指标的可操作性和实用性。

(四)前瞻性原则

都市型现代农业的发展是一个动态的过程,在进行指标设计时,既要照顾到现实的需要,又要反映和体现未来的发展趋势。以北京为例,北京是一个国际化大都市,是全国的政治和文化中心,定位于"国家首都、世界城市、文化名城、宜居城市",其未来的发展必然要考虑到城市容量、环境承载力等诸多问题,必须注重"以人为本"的理念,实现城乡统筹、和谐发展,并在此基础上推动北京的都市型现代农业发展和社会主义新农村建设。

二、都市型现代农业发展评价体系构架

(一)评价体系的构成

为了建立一个科学合理的评价指标体系,首先要构建都市型现代农业发展的基本指标体系,基本指标体系要具有高度的代表性、综合性以及指标间的独立性。还要通过收集有关数据,试用相关分析方法进行试分析,以剔除一些表征性不强的指标,最终确定都市型现代农业评价指标体系的各项具体指标。这个指标体系一般由 3 级指标构成,其中一级指标 4 个,二级指标 14 个,三级指标

22个。具体详述如下。

1. 农业综合生产水平指标 生产功能是农业最基本的功能。2007年中央一号文件强调指出，要用现代物质条件改善农业，提高现代农业的设施装备水平，以切实提升农业综合生产能力，夯实社会主义新农村建设的产业基础。因此，农业综合生产水平应成为评价都市型现代农业发展优劣的首要指标。

(1) *农业生产效率* 它是衡量和评价农业运行效益的主要指标之一，可直接反映农业现代化水平的高低。这里主要选取农业劳动生产率和土地综合产出率两个指标。

(2) *农民收入* 农民收入的高低与其生产生活条件的改善密切相关，它是直接反映农民生活富裕程度的重要指标。这里选取农民人均纯收入作为评价指标。

(3) *设施农业* 设施农业的发展不能单纯追求种植面积的扩张，更要注重产值的持续增长。因此，该指标以设施农业面积和产值两者比例的均值衡量其发展状况。

(4) *农产品加工水平* 农产品加工水平一般用农产品加工比率来衡量。具体计算公式如下：

农产品加工率＝农产品加工业增加值/农业增加值

农产品加工率，既可以反映当地农业产业化经营和初级农产品的增值水平，又可以反映出都市型现代农业对周边农业的服务状况。

(5) *农业合作与创汇* 农业合作情况和农业创汇情况是衡量都市型现代农业发展的重要指标。农业合作情况指标能体现出都市地区与周边地区开展农业合作的状况，一般是以合作农业的产值占农业总产值的比重来衡量，而创汇农业情况指标则反映都市地区农业出口创汇状况，能衡量都市型现代农业的外向程度，其一般以农副产品出口创汇额占农林牧渔总产值的比重来衡量。

2. 农业生态环境及资源利用水平指标 循环农业、生态农业是现代农业发展的目标，农业生态环境及资源利用水平是衡量都市型现代农业发展状况的重要指标。

(1)生态保护　生态保护指标主要包括规模化养殖场粪污无害化处理达标率和林木覆盖率。

规模化养殖场粪污无害化处理达标率的计算公式如下：

规模化养殖场粪污无害化处理达标率＝粪污无害化处理达标规模养殖场数量/规模化养殖场总数

在我国的一些都市地区，大多数规模化养殖场的畜禽粪便都有处理设施，但由于处理的深度不够，因而已经造成了严重的农业污染。因此，未来要增加畜禽粪便处理的深度，以使其真正实现无害化。

林木覆盖率是衡量一个地区生态环境的重要指标，其计算公式如下：

林木覆盖率＝林木面积/土地面积

(2)资源利用　资源利用指标主要由农业再生水利用率和万元农业 GDP 用水量来衡量。农业再生水利用率指标侧重于从水资源利用效率的角度来反映都市型现代农业的节水状况。其计算公式如下：

农业再生水利用率＝农业生产过程中再生水利用量/农业用水总量

万元农业增加值的用水量指标侧重于从水资源利用效率的角度来反映都市型现代农业的用水状况。计算公式如下：

万元农业增加值用水量＝农业用水总量/农业增加值

3. 农业社会服务水平指标　社会服务功能是都市型现代农业特有的功能。

(1)农产品安全生产　随着城乡居民收入和生活水平的提高，人们对农产品的质量要求越来越高，这是经济发展的必然趋势。安全、绿色、无公害食品所占比率越高，反映出都市型现代农业发展水平也就越高。一般以农产品质量安全认证比率作为评价指标。

(2)休闲农业　休闲农业属于第一产业与第三产业的交融状态,也是农业科技与乡村文化的复合型产业,它既能充分体现都市型现代农业发展的特色,又是具有很大发展潜力的都市型现代农业产业。休闲农业发展指标主要是以休闲农业总收入的多少来衡量。

(3)品牌农业　农业品牌化是都市型现代农业的主要内容和重要表现形式。在都市型现代农业发展中,通过农产品品牌建设,可以有效满足广大市民的多种消费需求,也可以用品牌利润大幅度地提升农产品的利润水平,实现农产品的优质优价。品牌农业拓展指标主要是利用已获商标认证的农产品产量占农产品总产量的比例来衡量,即农产品的品牌率,其计算公式如下:

农产品的品牌率=已获商标认证农产品产量/农产品总产量

4. 农业保障评价指标　建立促进现代农业建设的投入保障机制,强化现代农业的支撑体系,是推进农业科技创新、发展科技农业的必要前提。

(1)农业科技与教育支撑　技术进步和农民教育是都市型现代农业发展的科技保障,可从农业技术进步、农业科技成果、农业科技人员、农民素质等多方面进行衡量。

(2)农业资金投入　政府对农业的财政投入直接影响着农业及农业科技的产出水平。农业是弱质产业,尤其是都市型现代农业具有较强的外部性和公益性特点,更需要政府部门提供资金保障。一般以财政直接投入农业的资金和投入农业研发的资金这两个指标进行衡量。

(3)农民组织化　农民组织化是农村体制改革和农业现代化组织建设的重点之一,它体现农业生产经营管理水平的高低,为都市型现代农业发展提供组织保障。这里以农户加入各类农民合作经济组织的比率作为评价指标。

(4)农村信息化　农村信息化水平可从农村通讯、电脑、网络设施等方面进行衡量,它为都市型现代农业的发展提供信息保障。考虑到数据的可获得性,一般选取农户计算机普及率来反映农村信息化程度。

(二)评价指标权重的确定

都市型现代农业评价指标体系是一个有多项评价指标的系统,各评价指标权重的确定是个关键问题。所谓权重,就是次一级指标群的各个指标在高一级的指标评估中所占的比重,其大小主要取决于各个指标在高一级指标中所占的地位和所起作用的大小。由于个、主体评价指标与群体评价指标对评价目标的作用程度存在差异,因此必须按层次结构关系分别确定个、主体评价指标与群体评价指标的权重。

层次分析法(Analytic hiearchy process,简称 AHP)是由美国著名运筹学家托马斯·莎迪(T. L. Saaty)教授于 20 世纪 70 年代提出的一种系统分析方法。其基本原理是将所研究的问题作为一个系统,对系统内的多项因素进行逐项分析,弄清各因素在系统中的地位和彼此之间的关系,建立各因素间相互关联的有序层次,然后由专家对不同层次的各因素进行比较,在此基础上定量地给出每项因素的相对重要性,并计算出每一层次所有因素的相对重要性权重。这种方法适用于结构较为复杂、决策准则较多且不易量化的问题。AHP 法具有坚实的理论背景,又能全面细致地反映专家和决策者的主观意见,从而减少了传统权重确定过程中的主观随意性成分,是一种整理和综合专家们经验判断的方法,也是一种简单可靠的将分散的咨询意见数量化与集中化的有效途径。

为了能够较科学地确定出各个指标对总体目标的贡献程度,采用美国学者 T·L·Saaty 教授提出的层次分析法以及德尔菲法来确定各指标的权重。具体操作方法是:首先采用层次分析法将指标体系分成准则层和指标层,整个指标体系是个系统,而每一个准则层也是一个完整的子系统。这样就可以采用德尔菲法先确定各个准则层对整个指标体系目标的贡献度，也即权重。同样，针对每个具体指标对其他所属的准则层的贡献度（权重）也采用德尔菲法进行，最终通过分层赋值确定各个准则层、各个指标的具体权重。各指标权重最后确定的结果详见表3。

表3　都市型现代农业评价指标体系权重的确定

一级指标	二级指标	三级指标
A1 农业综合生产水平(0.3)	A11 农业生产效率(0.3)	A111 农业劳动生产率(0.6)
		A112 土地综合产出率(0.4)
	A12 农民收入(0.2)	A121 农民人均纯收入
	A13 农业设施(0.2)	A131 设施农业比率
	A14 农业加工(0.15)	A141 加工农业比率
	A15 农业合作与创汇(0.15)	A151 创汇农业比率
A2 农业生态环境及资源利用水平(0.2)	A21 生态保护(0.5)	A211 规模化养殖场粪污无害化处理达标率(0.4)
		A212 林木覆盖率(0.6)
	A22 资源利用(0.5)	A221 农业再生水利用率(0.4)
		A222 万元农业 GDP 用水量(0.6)
A3 农业社会服务水平(0.25)	A31 农业安全生产(0.35)	A311 农产品质量安全认证比率
	A32 休闲农业(0.3)	A321 观光农业总收入
	A33 品牌农业(0.35)	A331 已获商标认证农产品比率

续表3

一级指标	二级指标	三级指标
A4 农业保障水平(0.25)	A41 农业科技与教育支撑(0.3)	A411 农业科技人员比率(0.15)
		A412 农业科技贡献率(0.2)
		A413 农业科技成果转化率(0.2)
		A414 农民科技素质(0.25)
		A415 农民文化素质(0.2)
	A42 农业资金投入(0.3)	A421 财政投入支农资金比率(0.5)
		A422 农业研发经费比率(0.5)
	A43 农民组织化(0.2)	A431 农户加入各类农民合作经济组织的比率
	A44 农村信息化(0.2)	A441 农户计算机普及率

第五章　都市型现代农业发展规划

第一节　都市型现代农业发展规划的指导思想与发展目标

一、都市型现代农业发展规划的指导思想

都市型现代农业的发展要以“邓小平理论”和“三个代表”重要思想为指导，用科学发展观统领都市型现代农业发展，充分发挥工业化、城市化、市场化对农业的带动作用；以“绿色、生态、优质、高效”为目标，以服务城市、富裕农民、繁荣经济、优化生态为核心，坚持“工业反哺农业、城市支持农村”的方针，大力发展以设施农业、生态农业、休闲农业为载体的具有高效生态特征的现代农业，促进产业结构升级与转型，进一步提高农业综合生产能力和市场竞争力，推动一、二、三产业融合与互动发展，实现城乡经济社会协调发展。

二、都市型现代农业发展规划的发展目标

都市型现代农业发展规划的发展目标应包括经济目标、社会目标、生态目标 3 大类。以建设都市型现代农业为目标，以“城市群、产业区、物流网、农业园、生态区”为发展平台，坚持城乡统筹发展方略，充分发挥区域的区位优势和农业资源优势，努力实现农业功能多元化、结构高级化、技术高新化和经营产业化。

(一)经济目标

根据都市型现代农业的特征和总体要求，以服务城市、提升农业为目标，遵循价值规律，依靠科技进步，按照农业标准化生产的

要求和无公害、绿色、有机农产品生产的技术规程，从生产、加工、包装、运输到销售实行全程质量控制，以大农业的观点，充分合理开发利用各种农业资源，围绕优势产业，全面提高农产品质量，从整体上提高以经济效益为中心的农业综合效益。

(二)社会目标

休闲观光农业是旅游业向现代农业自然延伸和有机结合的必然产物，是发展都市型现代农业的重要组成部分。依托区域内的山、海、滩、岛、潮等自然风貌和底蕴深厚的农业文化，建设一批集度假、餐饮、观赏、娱乐为一体，融现代农业、乡土风情、娱乐休闲、文化教育和农事体验于一身的休闲观光农业景区，提供良好的工作、生活环境，满足城市居民渴望回归自然，享受宁静、安逸生活的心理，促进人与自然、农村与城市和谐发展。

(三)生态目标

结合地理位置，以生态学原理为指导，遵循农业循环经济“减量化、再利用、资源化”的基本原则和理念，大力发展绿色生态农业，因地制宜地推广不同类型的绿色生态农业模式建设，建立节地、节水、节肥、节药的农业生产方式，广泛使用有机肥、生物农药，重点发展种养结合的农业循环经济，使有限的农业资源得到循环利用和多次增值，形成资源循环利用、产品优质安全的绿色生态农业模式。

第二节 都市型现代农业发展规划的基本内容

一、都市型现代农业发展规划的原则和依据

(一)都市型现代农业发展规划的原则

制订都市型现代农业发展规划的原则有以下几个方面。

①坚持市场导向的原则。

②坚持总体规划、分步实施、量力而行的原则。

③要坚持突出重点、注重实效、便于操作的原则。

④规划要坚持原有产业基础与今后的发展方向大体一致的原则。

⑤需要解决的关键问题与未来的建设途径相一致的原则。

⑥依托现有资源、因地制宜、发挥比较优势的原则。

⑦以促进协调发展为目标，促使经济、社会、生态效益三者兼顾的原则。

(二)都市型现代农业发展规划的依据

制订都市型现代农业发展规划的依据有以下几个方面。

①《中华人民共和国农业法》。

②《中华人民共和国环境保护法》。

③《基本农田保护条例》。

④中共中央、国务院有关农业、农村经济发展的政策性文件。

二、都市型现代农业发展规划的总体思路

要紧紧抓住机遇，充分利用当地人文、自然、社会、区位等多种资源，按照"创新、转型、拓展、提升"的总体要求，推进以农业功能拓展和产业转型升级为特征的立体式战略性调整，强化农业、农村公共服务，坚持"六大发展方略"，重点围绕"四大定位"，积极实施"三大战略"，切实转变农业经济增长方式，努力构建都市型现代农业发展新格局。

(一)坚持"六大发展方略"

1. 用可持续发展的观念统领农业 要树立现代农业循环经济思想，坚持农业可持续的"发展观"，兼顾当前发展与未来发展生存的"双重需求"，进一步加强对水、土等农业资源的有效利用与管理，统筹安排城乡产业布局，切实转变农业增长方式，构造循环农

业生产模式以及减少和防止对生态环境的污染和破坏，逐步实现资源利用的减量化与再利用。

2. 用产业联动思路延伸农业　要围绕发展都市型现代农业这一历史命题，突破传统农业单一农产品生产功能的束缚，强化服务城市功能，努力向效益、生态、休闲农业拓展，使农业从主要为城市提供鲜活农产品和初级加工品的产品农业向绿色安全农业、休闲观光农业、生态农业转变，成为具有生产、观光、旅游、休闲乃至教育等多项功能融合的都市型现代农业，以及城市产业体系、社会体系和生态系统的有机组成部分。

3. 用城乡一体化理念推进农业　以城市消费需求为导向，城乡统筹发展为主线，通过"以城带乡、以工补农"，进一步深化城乡一体化配套改革，积极打造"一体化"，有效促进农村经济与城市经济的互动、协调发展，努力消除城乡二元结构，使农业成为现代城市发展中的一个重要的功能区块和产业，最终实现城乡经济、社会、文化、生态的全面、协调、可持续发展。

4. 用机制与体制创新提升农业　积极鼓励社会资本介入农业，以市场配置农业资源，发展壮大农村合作组织为切入点，变革传统农业经营组织体制，着力培育新型农业产业组织形式，不断提高农民组织化程度，建立开放进取、不断创新、充满活力的新型农业机制与体制，聚集先进农业生产要素，释放和形成新的生产力，不断增强农业活力。

5. 用现代科学技术武装农业　紧紧依托农业高新技术园区平台，突出农业科技创新，把科技研究和应用放在突出的位置，加强关键技术研发攻关和集成转化、推广应用，积极发展设施农业、生态农业、精品农业，全面提高农产品质量、档次；大力加强农村基础教育和农业科技培训，努力提高农村劳动力科技文化素质和就业技能，为发展都市型现代农业提供全面科技支撑。

6. 用"走出去、引进来"战略拓展农业　要突破传统地域界限，加快“腾笼换鸟”，把农业融入大市场，不仅要注重开发利用本地资源，更要注重开发利用外地资源。鼓励各类农业企业、专业大户，实现农业的外向扩展，以赢得更大的发展空间；同时，实施“引进来”战略，吸引科技、信息、资金、人才、资源，借梯登高，构筑农业接轨内外的平台，实现共赢。

（二）重点围绕“四大定位”

1. 特色优势农产品产业区 牢牢把握产业梯度转移，主动融合，差异化竞争的趋势，以提升特色优势农产品国际、国内竞争力，建设特色优势农产品产业化基地、服务城市为目标，强化产品的优势集成、资源重组与产业整合，做大特色，做强优势，联动发展农产品加工业、流通业，形成产品之间、产业之间特色优势鲜明、竞争有序、层次分明的高效农产品产业体系。

2. 外向型农业发展的领航区 积极实施“引进来、走出去”战略，全面参与国际资金、技术、人才等资源要素的交流与合作，趋利避害，有选择地参与国际农产品市场竞争。大力引进外来资本、先进技术与设备；立足国内、国际两大资源与市场，积极参与经济全球化带来的农业分工与协作，发展一批具有比较优势和特色的创汇农业生产基地，培育一批规模大、实力强的加工型、营销型龙头企业，创建一批具有国际知名度的农产品品牌。加速农业向外向型、国际化方向发展，不断提升农业外向度。

3. 高效生态农业的示范区 注重和依靠科技进步，努力抓住高效生态农业的关键技术和关键产业，积极推广高效生态农业种养模式，扩大绿色有机农产品生产基地规模，为市场提供优质安全农产品；合理布局城市片林、城市绿地和绿色交通走廊，改善城市生态环境；积极开展农业面源污染治理、小流域综合治理以及规模养殖场污染治理等生态工程建设，提高高效生态农业建设的整体水平。

4. 社会主义新农村建设的先行区 进一步巩固农业在整个

社会经济发展中的基础地位，协调一、二、三产业发展，统筹城乡发展，建立起农业产业化与工业化、城镇化联动发展的运行机制与格局，带动区域经济协调发展。立足农村，围绕建设社会主义新农村建设的目标，加大农业与农村投入力度，加快农业朝着生态化、外向化、精品化方向发展，不断提高农业的市场竞争力；注重协调发展，区域分工，搞好一、二、三产业的发展布局，不断提高农村社会主义经济综合实力；注重环境生态化和农民知识化改造，努力推进农村各项社会事业发展，提高农民的生产、生活环境和精神文明程度。

（三）积极实施“三大战略”

1. 品牌战略　大力推进农产品品牌建设，做大做强特色农业产业。要以现有特色产业为基础，以技术为支撑，以市场为导向，突出重点，以产业育品牌，以品牌拓市场。要牢固树立“质量第一、品牌至上”观念，大力宣传和自觉维护品牌质量和形象，采用品牌产品推介会、展销会、产品标识、统一包装等形式宣传品牌，壮大品牌声势；加强行业品牌有效整合、保护与宣传。

2. 科技兴农战略　科学技术是第一生产力，在竞争日益激烈的市场环境下，农业产业的发展必须有先进技术的支撑。要按照“自主创新、重点跨越、支撑发展、引领未来”的方针，紧紧依托科研单位、大专院校的科技力量，围绕农业科技示范园区建设，积极引进人才、先进适用技术、新品种和新工艺，提高农业产业化水平，推进科技自主创新、成果转化和推广服务，增强农产品的科技含量和市场竞争力。

3. 产业化强农战略　农业产业化经营是市场经济条件下实现农业增效、农民增收，实现传统农业向现代农业转变的一条有效路径，要以推进农业产业化为切入点，突破传统农业经营理念的束缚，强化政府服务，培育经营主体、打造核心产业、做强龙头企业、拓展产业空间、提升合作组织、建设现代物流，全面推进农业产业化，构建现代农业新格局。

三、都市型现代农业发展规划的项目分类

由于存在地区特点和经济发展上的差异，都市型现代农业发展规划项目可分为以下不同的种类：种植业、林果业、养殖业、水产养殖业、加工农业、产业化农业、生态农业、观光农业、科技园区等。在具体制订规划的过程中，应依据各类项目的不同性质，对其进行功能定位，并创建不同的规模形式。

四、都市型现代农业发展规划的基本步骤

制订都市型现代农业发展规划的基本步骤包括以下6个方面。

①与规划方沟通，初步了解对未来都市型现代农业发展的要求。

②对拟规划地区的基本情况进行总体调查和分析。

③进行现场调查研究，并与行政管理部门和实际的经营者进行面谈。

④确定项目规划基本方案。

⑤制订具体的实施方案。

⑥进行项目实施效果评估及总结。

五、都市型现代农业发展规划的重点步骤

（一）基本情况分析

应从地区和项目区2个层面进行以下基本情况分析。

1. 自然资源与环境条件

（1）地理位置与区位条件　地理位置与区位条件具体包括：地理坐标（经纬度）、毗邻城市与地区（是否毗邻大中城市、城市规模等）、交通条件（是否具备铁路、公路、航空、航运条件，各类交通线路等级，距离远近等）、与中心城市的距离、项目区四至等。

(2)地形地貌情况　地形地貌具体包括:山区、平原、高原、盆地、丘陵等。

(3)土地资源情况　土地资源情况包括:土壤综合生产能力、土地面积、土地利用状况和农业用地状况等。①土壤综合生产能力:包括农田基础生产能力、土壤肥力状况、土壤障碍因素、土壤等级、各种元素含量、土壤性状(土体构成、土壤容重、孔隙度)等。②土地面积:指辖区总面积。③土地利用状况:是指辖区内农业用地、工矿业用地、城镇建设用地、村镇建设用地、未利用土地等的具体数量和比例。④农业用地状况:是指辖区内农业用地中耕地面积、林地面积、园地面积、水域面积、绿化隔离带面积、其他农业用地面积的具体数量和比例。

(4)气候资源情况　气候资源情况是指:气候类型、年降水量及月均分布、年均气温、有效积温、无霜期、年均光辐射总量、年均日照时数及平均日照率等。

(5)生态环境情况　生态环境情况包括:绿化面积、林木覆盖率、生物多样性(动、植物资源)、水环境指数、空气质量指数、生活垃圾无害化处理率以及资源化利用率等。

(6)水资源状况　水资源状况主要是指:地下水、地表水的数量和分布情况,以及年均降水量情况。

2. 社会经济条件

(1)人口状况　人口状况包括:人口总量、人口的性别比例、人口的年龄构成、农业人口和非农业人口的比率、人口的受教育程度、劳动力就业状况、农业技术人员数量等。

(2)收入状况　收入情况包括:地区国内生产总值、农林牧渔业总产值、城镇家庭总收入、城镇家庭可支配收入、农村居民总收入、农民纯收入等。①地区国内生产总值:是指按市场价格计算的一个地区所有常住单位在一定时期内生产活动的最终成果。国内生产总值有 3 种表现形态,即价值形态、收入形态和产品形态。从价值形态看，它是所有常住单位在一定时期内生产的全部货物和服务价值超过同期投入的全部非固定资产货物和服务价值的差额，即所有常住单位的增加值之和；从收入形态看，它是所有常住单位在一定时期内创造并分配给常住单位和非常住单位的初次收入之和；从产品形态看，它是所有常住单位在一定时期内最终使用的货物和服务价值减去货物和服务进口价值。②农林牧渔业总产值：是指以货币表现的农、林、牧、渔业全部产品和对农林牧渔业生产活动进行的各种支持性服务活动的价值总量，它反映一定时期内农林牧渔业生产总规模和总成果。农林牧渔业总产值的计算方法通常是按农、林、牧、渔业产品及其副产品的产量分别乘以各自单位产品价格求得；少数生产周期较长，当年没有产品或产品产量不易统计的，则采用间接方法计算其产值；然后将四业产品产值及农林牧渔服务的产值相加即为农林牧渔业总产值。③城镇家庭总收入：是指城镇家庭成员得到的工薪收入、经营净收入、财产险收入、转移性收入之和，不包括出售财物收入和借贷收入。④城镇家庭可支配收入：是指家庭成员得到可用于最终消费支出和其他非义务性支出以及储蓄的总和，即居民家庭可以用来自由支配的收入。它是家庭总收入扣除交纳的所得税、个人交纳的社会保障支出以及记账补贴后的收入。⑤农村居民总收入：是指调查期内农村住户和住户成员从各种来源渠道得到的收入总和。按其收入的性质可以划分为工资性收入、家庭经营收入、财产性收入和转移性收入。工资性收入是指农村住户成员受雇于单位或个人，靠出卖劳动力而获得的收入；家庭经营收入是指农村住户以家庭为生产经营单位进行生产筹划和管理而获得的收入；财产性收入是指金融资产或有形非生产性资产的所有者向其他机构单位提供资金或将有形非生产性资产供其支配，作为回报而从中获得的收入；转移性收入是指农村住户和住户成员无须付出任何对应物而获得的货物、服务、资金或资产所有权等，不包括无偿提供的用于固定资产形成的资金，一般情况下，是指农村住户在二次分配中的所有收入。⑥农民纯收入：是指农村住户当年从各个来源得到的总收入相应的扣除所发生的费用后的收入总和。农民纯收入主要用于再生产投入和当年生活消费支出，也可以用于储蓄和各种非义务性支出。“农民人均纯收入”是按人口平均的纯收入水平，能反映一个地区或一个农村居民的平均收入水平。

(3)*产业分布情况*　第一产业是指农业、林业、畜牧业、渔业。第二产业是指采矿业、制造业、电力、煤气及水的生产和供应业、建筑业。第三产业是指除第一、第二产业以外的其他行业。产业分布情况是指第一产业、第二产业、第三产业的分布比例情况。

(4)*基础设施建设情况*　基础设施建设情况包括道路建设情况、交通情况、电力供应情况、通讯设施情况等。

(5)*农业科技发展水平*　农业科技发展水平主要是指良种覆盖率、农业科技贡献率、农业科技成果转化率等。

(6)*人文历史条件*　人文历史条件主要是指当地的历史文化依存、人文传统、乡村生活习俗等。

3. 农业及农村发展状况

(1)*农业产业结构*　农业产业结构是指种植业、养殖业、林果业、水产养殖业等各行业比例结构。

(2)*种植业内部结构*　种植业内部结构是指在种植业内部粮食作物、经济作物、饲料作物的分布比例。

(3)*农产品加工业发展情况*　农产品加工业发展情况是指农产品加工业产值、农产品加工率等。

(4)*农业产业发展状况*　农业产业发展状况是指种植业、林果业、畜牧业、水产养殖业等农业主导产业及其龙头企业发展情况，比如生产规模、产品产量、销售数量、盈利状况等。

4. 政府政策及发展规划　政府政策及发展规划对一个地区的发展或一个项目的实施有着直接的影响作用。政府政策及发展规划主要包括以下内容。

①国民经济和社会发展规划。

②农业发展规划。

③土地利用规划。

④农村城镇化建设规划。

⑤农村环境保护要求、生态建设。

(二)优劣趋势分析

综合资源与环境、市场、组织与管理、科教、人才、信息、资金等要素，利用优劣趋势分析法来综合分析所规划项目的优势与劣势、外部环境的机会与潜在威胁，是制订发展规划的重要环节。

优劣趋势分析法是一种能够比较客观而准确地分析和研究一个单位现实情况的分析方法。从整体上看，优劣趋势分析法可以分为两部分：第一部分为优势和劣势，主要用来分析内部环境条件；第二部分为机会和威胁，主要用来分析外部环境条件。

内部环境因素分析包括优势因素和劣势因素，它们既包括积极因素（优势），也包括消极因素（劣势），都属于主动因素，在调查分析这些因素时，不仅要考虑到历史与现状，而且更要考虑到未来的发展。优势具体包括：有利的竞争态势、充足的财政来源、良好的经济基础、雄厚的技术力量、优良的产品品质、既有的市场份额、人力资源优势等。劣势具体包括：资金短缺、经济发展的瓶颈、人力资源劣势、管理水平较差、竞争力不足等。

外部环境因素包括机会因素和威胁因素，它们是外部环境对未来的发展直接产生影响的有利因素和不利因素，属于客观因素。机会分析是分析外部有利因素，具体包括：新产品的出现、新市场的产生、新需求的产生、外国贸易壁垒的解除、竞争对手的失误等。威胁分析是分析外部的不利因素，具体包括：出现新的竞争对手、替代产品增多、市场紧缩、行业政策变化、经济衰退、客户需求改变、出现突发事件等。

通过优劣趋势分析，可以找出对自己有利的、值得发扬的因素，以及对自己不利的、要避开的因素，发现存在的问题，并找出解决的方法，以明确未来的发展方向。根据这个分析，可以将问题按轻重缓急分类，明确哪些是目前急需要解决的问题，哪些是可以稍缓再解决的问题，哪些属于战略目标上的障碍，哪些属于战术上的障碍。最后，还要将这些研究对象一一列举出来，依照矩阵形式排列，用系统分析的思想，把各种因素相互匹配起来加以分析，从中得出带有一定决策性的结论，以有利于做正确决策和规划。

优劣趋势分析法的具体思路如下：首先，在某些领域内可能会面临来自竞争者的威胁，或者在变化的环境中，有一种不利的趋势，在这些领域趋势中，会有哪些劣势，如何把这些劣势消除掉；其次，一定有某些机会存在，发挥自身的优势，利用这些机会；第三，在某些领域中可能存在着潜在的机会，努力把这些领域中的劣势加以改进，以争取这些机会；第四，对目前有优势的领域进行监控，以便在潜在威胁可能出现的时候不会感到措手不及。

(三)市场分析

1. 现有市场占有情况分析　现有市场占有情况分析主要包括两部分内容。第一部分是产品市场份额分析，具体包括产品外销率、产品商品率、市场占有率等。第二部分是品牌优势分析，具体包括惟一性特色产品的品种和数量、名优特新产品的品种和数量、有机产品的品种和数量、绿色产品的品种和数量、无公害产品的品种和数量等。

2. 潜在市场分析　首先是国内外产品市场前景分析，主要包括产品本身的市场、上游产品市场、下游产品市场、产品的人均消费量等。其次是客源分析，主要包括人口总量及未来的增长态势、年龄分布情况、性别比例情况、主要包括城乡居民收入现状、未来的增减变化趋势等。

(四)规划方案设计

规划方案设计的内容主要包括:建设内容、建设地点选择(区域布局)、技术路线及技术依托、建设规模及效果、建设进度安排等。

(五)规划资金筹措安排

资金筹措安排的内容主要包括:自有资金安排、财政拨款安排、多渠道融资安排等。

第三节 都市型现代农业项目的投入产出分析

都市型现代农业的投入光靠政府不行,要积极创造条件,吸收社会各界力量对农业现代化建设的投入。要提倡多种方式投入,不仅要重视资金投入,也要重视科技投入和农业劳动者的教育投资。投入要因地制宜,针对农业和农村经济发展中迫切要解决的问题。同时,还要注重不同要素投入的组合,实现要素投入的最佳组合,避免造成资源配置浪费。

农业现代化建设要讲求效益。要重视提高农民的收入水平,实现共同富裕,这是农业现代化建设的基本目标。

都市型现代农业项目的投入产出分析主要是经济方面的投入产出分析、社会方面的投入产出分析、生态方面的投入产出分析。

一、经济方面的投入产出分析

(一)财务估算

财务估算具体包括销售收入估算、其他各项收入估算、成本费用(直接生产成本、财务费用、市场费用)估算、产品销售估算、城市维护建设费用估算等。

(二)财务效益评价

财务效益评价首先包括项目损益分析,具体要对可分配利润、未分配利润、成本利润率进行分析。其次，要进行项目盈利能力分析，具体要分析内部收益率、投资回收期等内容。最后，要进行项目风险分析，主要是进行敏感性分析等。

二、社会方面的投入产出分析

社会效益评估首先包括技术贡献，即评估高新技术普及率、劳动生产率、土地产出率、资源有效利用率等。其次，要进行产品贡献评估，即评估增加的产品品种、产量增幅、质量提升等。再次，要评估就业贡献情况，即带动当地农民就业人数、促进农民向非农产业转移人数等。最后，要评估农民增收情况，包括项目区域内农民增收情况、辐射区域内农民人均收入增幅情况等。

三、生态方面的投入产出分析

生态效益评估，一是要评估土壤肥力情况，主要包括有机肥施用量、化学农药及除草剂使用控制情况等。二是要评估生物防治技术应用率的提高情况。三是要评估洁净生产情况，即实施洁净生产的范围、农业生产废弃物处理达标率提高情况等。四是要评估农产品质量安全认证情况，主要包括有机食品、绿色食品、无公害农产品占全部农产品的比率情况。五是还要对生态环境的总体改善情况进行综合评估。

第六章　都市型现代农业的可持续发展

第一节　我国都市型现代农业走可持续发展道路的必要性

一、目前国际上都市型现代农业主要模式

世界各国由于社会、经济、自然条件的不同，对都市型现代农业发展模式的选择也会不同，目前国外都市型现代农业的发展主要有3种模式：一是偏重生产、经济功能的模式。以波士顿、纽约等五大都市圈形成的“巨型带状都市”为代表。区域里都市和农村相互交叉、融为一体，该区域内的农业由于受都市经济势力的巨大影响，形成了独特的都市型现代农业。二是偏重生态、社会功能的模式。以欧洲城市最典型，如英国的森林城市、德国的田园化城市等，由于经济发达和文化传统等原因，更重视人与自然环境的和谐相处和生活质量的改善与提高。三是生产、经济功能和生态、社会功能兼顾的模式。以东亚的日本和南亚的新加坡最为典型。日本有许多高集约化的尖端农业，尽管其国内食品需求量的60%以上来自国外，但蔬菜自给率却高达90%以上，城市四周有许多土地用于植树，美化城市，发挥生态功能，国土面积的60%以上为森林所覆盖。

二、我国都市型现代农业发展的独特性

我国都市型现代农业产生背景、区域界定、产业结构、功能定位与发展方向等方面与国外的差异，决定了我国都市型现代农业

发展模式必然有异于国外都市型现代农业。我国发展都市型现代农业必须以生产、经济功能为主，但也要重视生态、社会与文化功能。同时，我们所处的时代和我国的具体国情，也对我国都市型现代农业的发展提出了新的要求。我们所处的时代，面临着环境危机、资源危机和人口危机。由于人类对自然的“征服”活动，造成了人类生存的自然环境的急剧恶化，耕地减少、森林消失、能源紧缺、水资源紧张、物种锐减，加上人口恶性膨胀，自然已经难以承受人类的生存和发展。我国人口众多，资源相对不足，生态环境承载能力弱，这是基本国情。特别是随着经济的快速增长和人口的不断增加，能源、水、土地、矿产等资源不足的矛盾越来越尖锐，生态环境的形势十分严峻。高度重视资源和生态环境问题，增强可持续发展的能力，是发展都市型现代农业的必然要求。因此，我国都市型现代农业必然要选择可持续发展模式。都市型现代农业可持续发展是在城乡一体化前提下的一个开放式的、城乡融合的、农工商一体化的复合经济系统。其特点主要表现为生产科技化，功能多元化，装备设施化，产业融合化，发展持续化。通过可持续发展都市型现代农业，可以改善都市生态环境，实现都市型现代农业经济的可持续发展，提高都市型现代农业的科技水平，并且有利于提高人文素质。

总的来说，都市型现代农业是一种与城市经济、文化、科学技术密切相关的农业现象，是都市圈内进行的农业，是城郊农业的高级阶段，发展都市型现代农业具有重要的战略意义：从城市角度看，都市型现代农业是城市可持续发展的必然选择，是现代都市建设的重要内容；从农村角度看，发展都市型现代农业是增加农民人均纯收入的有效途径，是发展现代农业的重要组成部分；从统筹城乡发展角度看，都市型现代农业既合理利用了资源，又优化了农业产业结构，是工业化、城市化快速推进的必然选择。

在 20 世纪 80 年代中期，我国为了突破计划经济体制对大城市地区农业生产的制约，提出了“城郊型农业”的概念，并定位为一种以城市为依托，适应城市市场需要，利用优越地理位置，以生产鲜活农副产品为主的商品性农业。到了 90 年代中期，为了适应我国经济体制从计划经济向市场经济转型，客观上要求改变农业单方面为城市食品供给服务、保城市“菜篮子”供应的定位模式。1998 年，在北京召开了首次全国“都市型现代农业研讨会”，标志着我国开始了都市型现代农业的理论研究活动。我国大城市进行都市型现代农业的实践探索始于 20 世纪 90 年代初，形成了比较典型的上海模式和北京模式。上海发展都市型现代农业的定位是基于都市规模扩大，城镇化水平高，制造业逐步外移，城市环境质量恶化，农业发展面临发展与空间、发展与效益、发展与需求的矛盾，以及市民对良好生存环境的要求而确定的。另外，我们以北京为例，发展都市型现代农业，是北京社会经济发展现阶段的客观要求。21 世纪的北京已成为国际化大都市，成为我国政治高度民主，经济、文化、教育高度发达的中心城市。在这种大背景下，对农业在都市经济中的基础地位和功能将提出更新、更高的要求：一是要求农业能提供更多的与国际媲美的优质、鲜活、洁净、安全、精致的农副产品。为此，必须依托城市优势发展集约化、科技化、园艺化、市场化的都市型现代农业；二是必须克服国际大都市同样的城市病，解决人口密集引起的生态失衡、水质、空气、土地等污染问题。所以，必须以科学发展观为指导，坚持走可持续发展道路，把发展都市型现代农业与改善城市生态环境结合起来，在抓农业生产的同时，也要抓生态农业建设，走生态城市发展的道路；三是城乡一体化除了经济一体化外，还须将生活、环境、文化、教育等方面互补融合，要求农业在进行生产的同时创造出赏心悦目、回归自然、休闲度假的优美环境，使市民、青少年体验农业文明，接受农耕教育，从而使“都市”与“农业”真正地融为一体；四是充分利用首都科技、经济和社会力量优势，发展“潮流农业”，为全国农业的发展发挥窗口示范作用。

【案 例】

烟台发展都市型现代农业的必要性

一、都市型现代农业是现代化大都市型现代农业发展的必然趋势

都市型现代农业是城市经济发展到一定阶段的产物。它最早出现在20世纪60年代的美、日、欧等发达国家和地区，而后迅速向世界其他国家或地区扩散和传播。我国的都市型现代农业实践始于20世纪90年代初，首先出现在上海、北京、深圳等经济发达地区，其中上海早在1994年就提出了建设与国际大都市相适应的都市型现代农业构想，并将其列入国民经济和社会发展规划，现已初步形成了完善的都市型现代农业基本构架。目前，我国都市型现代农业正逐步由上海、北京、深圳等大都市向长三角、珠三角和环渤海地区推进和发展，成为国内都市型现代农业发展的趋势和方向。

2007年上半年烟台GDP增长率为18.2%，发展速度近几年来一直居14个沿海开放城市之首位，中心区城市化率已超过80%。烟台必须抓住发展中心城市与城市经济这一历史机遇，加快发展与中心城市建设相配套，发展相匹配，经济、生态和社会功能相协调的都市型现代农业发展体系。

二、都市型现代农业是强化中心城市功能的有力支撑

都市型现代农业“依托城市、服务城市”，与城市的整体发展密切相关，是一种与城市经济、文化、科学密切相关的农业现象，是城市化高度发展的产物，是一项技术、资本与劳动力三重密集型的产业，蕴含着巨大的创新空间，其创新机制的运作与成效最终取决于城市的综合实力。同时，都市型现代农业不仅能够提升城市总体的生产、生态、生活这“三生”功能、而且可以通过提供食物安全、劳动就业、生态保障、休闲娱乐和科技示范等多个平台来实现和巩固中心城市的辐射带动力，它对于强化中心城市功能的支撑力不可低估，它也因此被视为提升地区农业竞争力的新机制和重要方式，并成为当今世界上众多国家大中城市农业生产的存在方式。在发展城市和城市经济这一战略背景下，烟台农业何去何从？大力发展都市型现代农业，积极构建可持续发展的都市型现代农业体系，不失为一种正确的选择和有力的突破。

三、都市型现代农业是提高城市生活质量的客观需要

一方面，城市居民要求有赏心悦目的城市环境，要改善城市环境就必须扩大绿地，显然仅靠少量的公园式绿地是远远不够的，还应包括城市范围内及其周边地区的农田和山林；另一方面，随着收入的提高和闲暇时间的增加，城市居民必然进一步要求食品的新鲜安全，要求回归大自然、休闲度假以及体验农业文明、教育子孙后代。都市型现代农业的提出，反映了工业化、城市化和农业现代化高度发展以后人类对新时代农业的一种期望和探索，它深刻地表现了城乡关系的新变化：由原来的相互排斥、对立，变为互补、融合，农业的存在已经成为和谐城市的一种客观需要。到2006年底芝罘区人口密度已超过每平方公里3 986人，但可以充当烟台城区的“绿肺”、满足城市居民休闲度假的农田山林少之又少。

四、都市型现代农业是促进农民增收和农业增效的有效途径

农业的产业特性决定了都市型现代农业的主体功能是经济功能，这一功能不仅体现在为城市居民稳定和就近供应鲜活农产品，其深层意义在于通过优化农业资源和生产要素配置，调整产业结构，创造就业机会，延长产业链条，最终实现农业的多重增值，提高农民的收入水平。例如，2006年广州农民人均收入达到7 788元，是全国最富的农民。当地发展的菜场、鱼塘、水果基地、花卉交易场地，不仅环境优美，农产品鲜丽诱人，还利用了山水城市的优势，

发展休闲农业,吸引游客又玩又吃。正如广州市委书记黄华华所说,广州的农业之所以发展得快,农民收入高,不是因为粮食面积大、产量高,而是农业发展思路调整得好,都市型现代农业发展搞得好;北京、天津、上海等地也有很多成功案例值得借鉴。发展都市型现代农业是农业增效和农民增收的有效途径,迎合了当前烟台新农村建设的现时要求。

(资料来源:烟台农业信息网)

第二节　对我国都市型现代农业走可持续发展道路的政策建议

一、我国都市型现代农业可持续发展体系的构建

立足我国具体特点,通过借鉴国外发展持续农业的经验,可以总结出要构建我国都市型现代农业可持续发展体系,首先要通过农业产业化、科技化来实现我国都市型现代农业的现代化,这也是我国可持续发展都市型现代农业的前提。

(一)都市型现代农业产业化

这主要包括农业经营规模化和经营一体化。农业经营规模化需要依据市场需求,灵活确定区域农业的主导产业和主导产品,从而建立规模经营的农产品基地。为了实现经营一体化,必须通过优化组合农村各种生产要素,通过种养加、产供销、贸工农、农科教一体化,优先在提高农产品质量和档次方面实施产业化系列开发,实现农业结构升级,延伸传统农业的产业链,不断拓展农业发展空间,建立区域化布局,专业化生产,集约化经营,企业化管理,社会化服务的具有自我积累、自我发展能力的生产经营组织体系。

(二)都市型现代农业科技化

首先,实现农业机械化,提高农业设施装备的水平和数量,从而实现规模经营;其次,大力推进农业科学技术现代化,努力实现农业增长方式的根本转变,从而实现农业的高产、优质、高效,才能保证从根本上超越资源对农业发展的约束;最后,真正发挥科技在都市型现代农业发展中的作用,这需要培养大批具有专门知识和技能的农业人才,以促进农业科技成果的推广和转化,这也是农业现代化和农业可持续发展的决定性因素。

具体来说,我国农业生产正进入新的发展阶段,即高科技农业阶段。都市型现代农业的可持续发展就建立在这一高起点的平台之上,强调以当代发达国家都市型现代农业的发展水平为标准,以高科技农业为基础,通过运用先进的农业科学技术、现代化设施和先进的管理科学技术,发展多功能都市型现代农业,满足大都市发展的多元化需要。这是都市型现代农业可持续发展过程中“怎么干”的问题。

与工业科技活动相比,我国现阶段的农业科技活动有自身的特点。第一,主体不同。在我国,工业科技活动一般以大中型工业企业为依托,而农业科技活动在现阶段则更依赖于各类科研机构和大专院校。第二,侧重点不同。改革开放以来,我国在工业产业上的技术进步,很大程度上是由技术引进过程所推动的。随着我国工业化向纵深发展和国际市场竞争的加剧,强化对引进技术的消化和吸收,提升工业产业的自主创新能力,成为工业科技活动的主导方向。对于我国大部分知识技术水平低下的普通农民而言,农业科技活动更侧重于科普知识、优良品种、农用技术及农用机械的推广上。也正是基于上述原因,发展具备一定科技含量的都市型现代农业就需要明确以下两个要点。一是以政府为主导,加强与科研院所和高校的协作,建立农业科技推广平台,推动立足于农业的科技型企业和科技中介服务机构的发展。此外,在资金投入、人才引进和培养、政策制定等方面也应给予优惠。二是农业科技的发展，不单单指运用现代生物技术或常规技术，实现农、林、牧、渔的良种繁殖和高效生产，也包括对病虫害的防治、对特色农产品在保鲜、贮藏、包装、运输、深加工过程中技术问题的解决。简言之，农业科技的发展包括农业新技术和新产品的研发和应用、新型耕作方式的推广、新型农业经济组织的兴起等内容，并最终推动生态农业、高效农业的发展。如广州都市型现代农业的发展就是较为突出的例子。广州为了促进都市型现代农业的发展，从 2003 年开始启动广州都市型现代农业科技示范带项目，旨在通过农业高科技的研发、示范和推广，形成高品质、高效益、标准化的现代农业生产体系；快捷、安全的农产品流通体系和集休闲、观光、科普于一体的生态旅游服务体系，为广州都市型现代农业建设提供样板，并辐射到整个广东省和华南地区。经过几年的建设，广州都市型现代农业科技示范带成效显著。

(三)都市型现代农业现代化中的制度创新

我国经济的发展越来越依赖于创新，制度创新和技术创新。管理创新一样，对我国经济社会的作用越来越重要。目前，我国的土地产权问题已成为制约农业发展的“瓶颈”，如何解决土地转让流通问题将会对都市型现代农业的发展产生巨大的影响。这就需要借助于土地使用制度创新，在保证家庭联产承包责任制稳定实施的前提下，满足都市型现代农业和农业现代化中对土地使用的需求；同时，借助于收入分配制度创新，在实现农业现代化的同时，实现农民的共同富裕，农村经济稳步发展。

但是都市型现代农业的现代化不是最终目的，要实现都市型现代农业的可持续发展，必须实现都市型现代农业生态化，实现都市型现代农业与资源和环境的协调发展；必须建立都市型现代农业服务体系，实现都市型现代农业发展和技术进步、市场变化相协调；必须加强都市型现代农业的可持续管理，实现都市型现代农业经济、社会效益稳步提高;必须建立都市型现代农业可持续发展评价体系,以便及时发现都市型现代农业发展中存在的问题并采取针对性措施。

1. 都市型现代农业生态化 首先,应保持农业生态系统结构完整和功能协调,从而使人类能持续获得足够种类和足够数量的优质农产品。其次,应发挥都市型现代农业绿化环境、改造景观、净化空气的功能。最后,应控制化肥、农药的施用量,增施有机肥,研发和推广生物农药和肥料,提倡有害生物的综合治理。

2. 建立都市型现代农业服务体系 主要包括信息服务体系和市场服务体系。通过建立和完善都市型现代农业服务体系,为都市型现代农业发展提供相关的经营决策信息、农业技术信息和市场变化信息,从而优化资源组合和重新配置,保证对高新农业技术的快速吸纳和转化,提高产品的市场竞争力。通过建立市场服务体系,构建起符合都市型现代农业特点的多层次市场和流通体系,使都市型现代农业能以较低的交易成本,在市场竞争中占据优势地位。

3. 实行都市型现代农业科学管理 积极借鉴工业发展过程中优秀的管理经验和知识,根据市场需求变化做出都市型现代农业经营决策。运用科学管理中的生成管理知识和信息化管理工具,对都市型现代农业生产进行全程控制;运用现代物流技术,实施和管理农产品的市场流通,从而不断提高都市型现代农业的经济效益。

4. 建立都市型现代农业可持续发展评估体系 都市型现代农业的发展需要建立相关的可持续发展评估体系。主要指标包括产出可持续性、经济可持续性、生态可持续性和社会可持续性4个方面。该指标体系在使用时,需要根据具体情况确定评定系数和指标权重。最后,我国政府要借鉴国外的经验,进行都市型现代农业可持续发展立法,对都市型现代农业发展相关活动进行规范。

(四)转变传统农业经营理念,以和谐思想指导都市型现代农业的可持续发展策略

以和谐思想作为指导,有助于解决都市型现代农业可持续发展中应该“干什么”的问题。社会主义和谐社会需求政治、经济、社会与文化等方面的协调深入发展,其中经济的全面、协调、可持续发展是不可或缺的重要组成部分,而农业的健康、持续发展又为整个经济发展提供了重要基础。

传统农业经营理念中有两个“误区”:一是以牺牲农产品多样化为代价,单纯追求耕种面积的扩张;二是以增产增收为惟一目的,大量使用各种化学药剂,严重危害生态环境。而在和谐发展的理念下,农业发展与生态环境的可持续发展并不相悖。将“增产”的传统农业经营理念转变为“增效”的现代农业经营理念,以龙头企业的发展为核心,大力推动农业产业化一体化的发展,以农业可持续发展为最终目的,协调好农业发展与自然环境的关系。从农业可持续发展的角度来看,和谐农业的发展还应包含农民增收致富、农村社会进步等深层次的内容,这也与和谐社会发展的内涵相一致。所以,在都市型现代农业的可持续发展战略中,必须把握住“发展”这个主题,增加农民收入、夯实农村经济发展的物质基础;推动农村基层民主政治建设,充分调动农民的积极性,全面发展新农村;丰富农民的精神文化生活,提升农村生活质量。

【案　例】

烟台都市型现代农业发展现状与遵循原则

一、烟台都市型现代农业的发展条件与现状

1. 条件优势突出。都市型现代农业的经济地理学本质是一种地域生产综合体,烟台市拥有突出的区位优势、丰富的农业自然

资源和农业劳动力资源，比较优势明显，利于发展高附加值农业；20世纪80年代以来快速发展的城市化，为都市型现代农业创造了巨大的需求市场和广阔的发展前景，成为烟台城市健康发展过程中不可回避或绕行的环节；相对雄厚的城市经济实力是烟台都市型现代农业发展的坚实后盾。

2. 都市型现代农业初具雏形。凭借上述优势，通过产业结构的调整和优化，促进了传统农业向现代化农业的转变，中心城区郊区地带的农业已具备较高的现代化水平，都市型现代农业初具雏形。

粮油、果品、蔬菜、畜牧、水产品被确立为五大支柱产业，建成了以福山、莱山、芝罘区为主的大樱桃生产基地；以牟平为主的苹果、粮油生产基地；以芝罘区、莱山区、开发区、牟平区为主的水产品养殖基地；以市属菜篮子基地为主的无公害蔬菜生产基地。上述基地的建设，既保障了城市的食物供应，也强化了区域产业优势。

除食物供应外，农业的多重功能如旅游休闲、文化教育等开始得到开发，烟台农科院下属的农博园是其中的典型范例。整个园区以瓜果花菜为载体，集农业科技推广、生态旅游、休闲娱乐和科普教育于一身，充分体现现代农业科技的风采与魅力，这里是全国农村科普示范基地和烟台市青少年科普教育基地。

随着农业产业化经营的纵深发展，市区范围已建成九发、山村果园、益生、东方海洋4家国家级农业产业化龙头企业；农业科技创新能力增强，市农科院选育的烟农系列小麦、烟富系列苹果、901海带等农业新品种在国内处于领先水平；农产品国际竞争力提升，2006年市区农产品出口创汇8.6亿美元。

3. 存在的问题和成因初析。与最早实施农业产业化形成对比，烟台的都市型现代农业则起步较晚。目前现有的一些基地和园区在各区的郊区地带呈自由分散的点状分布，还没有作为一项专门化产业纳入城市发展规划，也缺乏政府的政策导向和相应的保障体系，远未形成规模，而且五区之间的水平差异很大；除最基本的生产功能外的农业其他功能总体上处于待开发状态。与先进城市相比差距明显，与城市自身的经济发展水平不相匹配。

问题的成因是多方面的，可归结为：缺乏统一规划和部署、农业对城区的生态保护作用没有得到重视、各方面投入太少、城市居民消费观念陈旧、理论研究落后等。此外，由于都市型现代农业在地域上与城市用地并存，与郊区建设存在混杂和镶嵌，用地矛盾突出，土地稀缺程度高，都市型现代农业发展因此受到一定制约。

都市型现代农业所追求的不是表面形式，它不能脱离城市而独立存在，而是建立在城市经济高度发达的基础上。另一方面，都市型现代农业的发展，在很大程度上受城市发展规划的制约，受政府决策的影响。进入21世纪，北京、上海、武汉、天津、杭州等地政府相继出台针对本地都市型现代农业的发展意见或规划，为都市型现代农业的发展提供了有力的保障与可靠依据。烟台具备发展都市型现代农业的良好基础，显示着巨大的发展空间。因此，明确烟台市发展都市型现代农业的基本思路和原则，研究确定都市型现代农业可持续发展战略，制订适合本地的都市型现代农业发展规划，不仅可行，更有必要。

二、烟台市发展都市型现代农业的基本思路和原则

1. 基本思路。围绕“拓展中心城市、发展城市经济”这一主题，抓住山东半岛城市群建设这一契机，在尊重自然规律和市场规律的基础上，以科学发展观为指导，以服务城市、繁荣农村、提升农业和富裕农民为目标，以市场需求为导向，以科技为支撑，围绕都市型现代农业的生产、生活和生态等三大主体功能，深度开发和拓展农业新功能，调整农业产业结构，优化产业布局，延长产业链条，通过城乡互动发展和产业融合，提高农业发展的整体效益和竞争力，促进中心城市的农业创新与升级，并辐射带动全市农业的发展。

2. 发展原则。充分发挥市场需求的导向作用，转变农业发展观念和农业增长方式，发展适销对路的产品和产业，培育特色惟一性产品，大力实施品牌战略，提高农业的产业化水平、农产品的商品化程度和市场竞争力。

运用现代科技装备都市型现代农业生产各个环节，进一步延长产业链条，深度开发和拓展农业的新功能，增进产业融合，促进农业向二、三产业的渗透和延伸，提升农业的产业化、现代化、集约化、社会化和组织化水平。

根据烟台市城市总体发展规划，结合各市区的资源禀赋条件、技术、经济和市场等方面的区域比较优势，因地制宜布局农业产业，按照“优势产业向优势地区集中，优势地区优先发展，优势产业优先发展”的要求，逐步形成布局合理、衔接有序的产业发展新格局。

优化农业资源和生产要素的配置，大力发展生态农业、循环农业等资源节约型农业，在保证农民和企业获得合理利润基础上，突出生态环境建设，坚持可持续发展原则，促进生产功能、生活功能、生态功能的“三生合一”，实现经济效益、社会效益、生态效益的“三效并举”。

（资料来源：烟台市农业信息网）

二、促进都市型现代农业可持续发展的对策

从20世纪90年代开始，上海、北京、广州等沿海大城市，在城市经济飞速发展和城乡日益融合的大背景下，以国际经验为指导，先后提出创建现代化都市型现代农业的设想，并积极进行实践。

（一）提高土地、水等农业自然资源的使用效率

随着城市发展和人口的不断增长，农业自然资源相对缺乏，尤其是耕地的减少使都市型现代农业在近郊区的发展受到很大的限

制。通过土地政策引导农户将分散经营的土地进行连片开发,提高农业规模经济效益的做法也就显得十分必要。

(二)不断创新都市型现代农业的运营模式

都市型现代农业在不同国家与地区的发展运营模式并不一致。美国以生产功能为主,西欧以生态、生产功能为主,日本、新加坡以生产、生态为主、兼顾生活功能。目前,都市型现代农业的运营模式不拘一格,但一个值得关注的现象必须指出:部分农业园区建设简单模仿他人,过于偏重观光旅游功能,设施人工化、活动商业化、游客周期化情况较为突出,不利于都市型现代农业的持续发展。在都市型现代化农业的发展中,应鼓励发展以生产功能为主、兼顾生态科教功能为一体的都市型现代农业模式,如以先进农业设施为依托,生产高度集约化,产品科技含量高、附加值大的设施农业模式;以农业资源高效利用和农业生态环境保护为目的,综合应用种子工程、平衡施肥工程、精确灌溉技术等高科技的精准农业模式。

(三)加强政府相关的宏观调控和指导功能

都市型现代农业既是都市建设的有机组成部分,又是做大做强农业经济的一个突破口,对更大范围的新农村建设起到良好的示范和带动作用。地方政府在支持本地都市型现代农业建设中应发挥一定的作用,主要体现为:将都市型现代农业的发展纳入到都市建设的整体规划中,促进城乡的协调发展;通过土地政策、劳动力就业政策和融资政策的引导,缓解都市型现代农业发展中的土地等资源短缺和劳动力过剩问题;发挥公共财政作用,改善农村水、电、路、网等基础设施建设,促进农村科、教、文、卫事业的发展,减轻农业、企业和农户的税费负担,为都市型现代农业的发展营造良好的投资环境;创新发展都市型现代农业的管理机制和利益机制,明确都市型现代农业建设对口的管理部门,避免来自农、林、食品、水利、环保、城建、园林、工商、税务、金融等部门的多头管理,规范相关的办事流程和规章制度，为都市型现代农业的发展提供良好的制度环境。

【案　例】

烟台市都市型现代农业可持续发展的措施

一、烟台都市型现代农业的布局和产业设想

1. 布局设想。依据比较优势理论和农业布局区位理论，对于城市化水平高、经济发展快速且人口相对密集的地区如芝罘区和莱山区可以发展如观光农业、生态农业、休闲农业等，以加强生态功能，满足城市居民的需要；对于其他三区则以创汇农业、设施农业、精品农业为主，集中生产科技含量高的产品，提升都市型现代农业的经济功能；周边县(市)的传统产粮区，则可以通过现代农业技术和新物种的应用，大幅提高农业生产的产量和质量。在空间分布上，可借鉴北京、上海等地的经验，通过整体规划，形成圈层式或条带分布格局。

2. 产业选择设想。①稳定发展有较强竞争力的传统优势产业。建立与城市规模扩张相适应的无公害蔬菜生产基地、扩大设施蔬菜和大樱桃、桃、葡萄等时令水果的生产规模，发展规模化、工厂化的畜禽饲养、海珍品养殖。②发展体现中心城市特色的新兴产业。如农产品加工业，农产品物流业(包括国际物流)，农业观光休闲等服务产业，良种、生物制品等农业科技产业等。③发展具有生态与经济双重价值的经济林、观赏绿化林及废弃物资源化利用等环境建设产业。④发展具有区域优势的外向型农业。依托城市平台，培育具有强大市场开拓能力的外贸主体，引导农产品加工流通企业，发展农产品生产、加工基地，扩大农产品出口。

二、烟台都市型现代农业可持续发展的战略重点

1. 加强综合研究，制订都市型现代农业发展规划。都市型现

代农业涉及多学科、多领域，是一项复杂的系统工程。农业、旅游、土地、地理、生物工程、规划设计、建筑园林、生态环境等各行各业的专家应携手合作，共同研究都市型现代农业的理论与实施方案；政府在发展都市型现代农业时要有详细缜密规划和精心的指导，防止一窝蜂地上。建议市政府尽快出台《烟台都市型现代农业发展规划》，该规划应该由市农业主管部门提出并经专家研讨论证，以规划烟台都市型现代农业发展的长期目标、任务、指导思想、建设重点、协调布局和政策措施，各区政府也要制订并出台相关支持文件，以指导都市型现代农业的健康发展。市政府应设立专门的发展都市型现代农业的机构和选用专职人员来统筹规划和指导烟台都市型现代农业的发展，力争使都市型现代农业的发展根据烟台市的自然和经济社会条件选择以生产和经济功能为主、生态和生活功能为辅的模式，同时增加都市型现代农业的多样性、趣味性和娱乐性等。

2. 以城乡产业互动为出发点，构筑适应都市型现代农业的产业体系。都市型现代农业既是城市现代化进程中的重要组成部分，也是城乡互动发展的必然结果，因此必须以城乡产业互动为出发点，构筑合理的产业体系，具体可考虑如下措施：采取积极扶持政策，加快农业招商引资步伐，吸纳城市人才、资金、科技和信息到农业、农村，发展壮大农产品加工业和物流、餐饮、旅游等农业服务业，促进生产力在城市乡村地域空间上的合理配置，加速城乡产业融合；推进农业产业化经营，发展具有优势的特色水产品、水果、畜产品、蔬菜加工、贮藏、保鲜业；依托城市平台，培育具有市场开拓能力的外贸载体，引导农产品加工流通企业建设标准化生产基地，发展出口创汇型农业。

3. 坚持以市场为导向，以高科技为支撑。要以市场为出发点和归宿，深入分析、研究和满足市场。一是要正确定位市场，坚持生产有本地资源优势的特色产品；二是找准目标市场，如为高级宾馆、国际连锁店、大型加工厂提供订单农产品等；三是注重对休闲、观光农业的包装、宣传，不断开拓市场。另一方面，由于烟台市区人口日益密集，自然资源绝对量不断减少，因此必须坚持以高科技来支撑都市型现代农业的发展，具体应从两个方面着手：一是要大力调整产业结构，引导都市型现代农业由传统模式向高科技型经济过渡；二是提高劳动者的知识水平，制订新的人才战略，加快对都市型现代农业生产者知识性、技能性培训的力度；三是生产科技含量高的产品，广泛应用生物技术、信息技术、绿色技术，采用新材料、新科技、新设施，提升档次，扩大产品销路。

4. 巩固与提升都市型现代农业的可持续发展能力。农业基础设施水平直接影响到都市型现代农业的可持续发展能力，为此须严格执行基本农田保护区制度，加强建设用地审批与管理，搞好土地整理和复垦开发，确保耕地总量实现动态平衡；加强田间生态水利建设，大力推广节水技术，加快实现粮田管灌，果园、菜园滴灌、喷灌；积极实施对大型农业机械购置补贴政策，推动农机装备更新升级，提升农业机械化水平；大力更新和完善农业设施，扩大蔬菜、水果、食用菌、水产品设施化种养面积，推行畜禽规模化养殖，提高种养效益。

5. 注重发挥都市型现代农业作为城市绿化隔离带的生态功能。从生态学角度而言，城市是一类特殊的人工生态系统，该系统结构较为简单，物种多样性低，因而相对脆弱，对外依赖性强。与市区咫尺相依的都市型现代农业区是该系统重要的生态支持区域，对于保护城市生态环境意义重大。因此，城市发展要严格保护和合理调整城市内和周围的农田、果园和林地，建立城市和乡村之间持久稳定的结合而非脆弱的联结，并防止城市无限制扩张。同时，都市型现代农业最容易受到城市开发、废水污染、光照不足等自然环境恶化的影响，所以都市型现代农业是最易遭破坏的前沿农业，是需要加以保护的农业。

6. 政府应为都市型现代农业的发展提供良好的外部环境。都市型现代农业在我国总体上处于初起阶段，烟台都市型现代农业仅初具雏形，其发展需要政府的积极倡导与大力扶持，如提供发展生产的低息或无息贷款以及其他优惠政策，为都市型现代农业的集约化、机械化、生态化和可持续发展提供可能的资金、技术、法律和政策等支持，为都市型现代农业的发展创造良好的外部环境。

（作者：毛爱华）

参考文献

[1] 方志权.论都市型现代农业的基本特征、产生背景与功能[J].农业现代化研究,1999,20(5).

[2] 贺和初,刘伟.农村科技服务体系建设探索与创新[J].新农村建设,2008(5).

[3] 齐城.迈向现代农业的路径探寻[M].北京:中国农业出版社,2006.

[4] 俞菊生.中国都市型现代农业——国际大都市上海的实证研究[M].北京:中国农业科学技术出版社,2002.

[5] 关嵩山.论农村组织体系的创新[J].《江汉论坛》,2006(8).

[6] 秦世波.我国农业科技服务体系构建的障碍及对策[J].安徽农业科学,2008.

[7] 祝荣.浅析农业产业化体系的组织建设[J].经济与社会发展,2005,3(2).

[8] 李大兵,景再方,等.现代农业企业管理[M].太原:山西经济出版社,2006.

[9] 关付新.我国现代农业组织创新的制度含义与组织形式[J].山西财经大学学报,2007,3(4).

[10] 史亚军,邓蓉,黄映晖.都市型现代农业发展研究[M].北京:中国农业出版社,2008.

[11] 余方镇.论我国农业产业化系统构建及运作协调[J].河南大学学报,2007,37(1).

[12] 牛若峰.中国农业产业化经营的发展特点与方向[J].北方经济,2002(11):16-19.

[13] 毛爱华.农业产业化地域模式类型确定方法研究[J].经济地理,2005(2):156-159.

[14] 曾尊固.农业产业化地域模式研究——以江苏为例[J].地理研究,2002(1):115-123.

[15] 伍莺莺,唐仁华.创新我国农业科技服务体系的思考[J].湖北社会科学,2005.

[16] 刘东.我国新型农村科技服务体系的制度背景和发展经验[J].太原科技,2008(8).

[17] 顾红.谈我国农业科技推广服务体系的发展历程[J].现代农业科技,2008(20).

[18] 李长江.浅析现代农业企业发展面临的新背景[J].农村经济,2002(11).

[19] 晋鹏程.强化农业企业管理,提高市场竞争能力[J].山西农经,2008(5).

[20] 李成贵.建立农业支持政策体系探讨[J].宏观经济管理,2007(1).

[21] 李伟杰,李传健.试论我国农业国内支持政策体系的构建[J].经济问题,2007(9).

[22] 冯玲玲.中国农业支持政策研究[J].硕士论文,2005-04.

[23] 惠艳芹.农业资金投入管理使用中存在的问题及对策[J].陕西审计,2003(1).

[24] 崔慧霞.农业资金投入问题研究[J].北京理工大学学报,2001,3(2).

[25] 周建标.都市型现代农业的发展趋势与对策[J].环球农业,2004(10).

[26] 曹林奎,孙仲彝,高贵临.上海都市型现代农业人才需求与培养对策的思考[J].高等农业教育,2006(6).

[27] 胡艳君.我国都市型现代农业的政策体系及其评价[J].农村经济,2007(2).

[28] 徐贻军,任木荣.湖南现代农业评价指标体系的构建与测评[J].湖南农业大学学报,2008,9(4).

[29] 刘颖,许为.武汉市农民增收与都市型现代农业可持续发展的互动关系研究[J].统计观察,2008(4).

[30] 刘颖,许为.都市型现代农业可持续发展与农民增收互动机制的探讨[J].中国人口、资源与环境,2008(4).

[31] 顾海英,周小伟.现代都市型现代农业可持续发展的意义及内涵[J].农业现代化研究,2001(1).

[32] 齐永忠,于战平.城乡一体化视角下的中国都市型现代农业发展[J].中国农村经济,2006(3).

[33] 程显煜.现代都市农业与城乡一体化[J].成都行政学院学报,2005(12).

[34] 毛传清.浅谈发展我国都市型现代农业的重要意义[J].当代经济,2001(12).

[35] 刘军萍.北京都市型现代农业的定位与优势条件的耦合分析[J].中国农业资源与区划,2005(12).

[36] 程言清.国外创汇农业发展经验及我国创汇农业发展对策[J].乡镇经济研究,1998(1).

[37] 韩连贵.要增强农业综合开发项目区外向型创汇农业经济发展实力[J].经济研究参考,2002(75).

[38] 齐城.迈向现代农业的路径探寻[M].北京:中国农业出版社,2006.

[39] 周晓钟.我国生态农业发展中存在的问题及对策[J].商场现代化,2008(1).

[40] 王兆骞.试论中国生态农业的发展[J].中国生态农业学报,2008-01.

大麦高产栽培	3.00元
荞麦种植与加工	4.00元
谷子优质高产新技术	5.00元
高粱高产栽培技术	3.80元
甜高粱高产栽培与利用	5.00元
小杂粮良种引种指导	10.00元
小麦水稻高粱施肥技术	4.00元
黑豆种植与加工利用	8.50元
大豆农艺工培训教材	9.00元
怎样提高大豆种植效益	8.00元
大豆栽培与病虫害防治（修订版）	10.50元
大豆花生良种引种指导	10.00元
现代中国大豆	118.00元
大豆标准化生产技术	6.00元
大豆植保员培训教材	8.00元
大豆病虫害诊断与防治原色图谱	12.50元
大豆病虫草害防治技术	5.50元
大豆胞囊线虫及其防治	4.50元
大豆病虫害及防治原色图册	13.00元
绿豆小豆栽培技术	1.50元
豌豆优良品种与栽培技术	4.00元
蚕豆豌豆高产栽培	5.20元
甘薯栽培技术(修订版)	6.50元
甘薯生产关键技术100题	6.00元
甘薯产业化经营	22.00元
彩色花生优质高产栽培技术	10.00元
花生高产种植新技术（修订版）	9.00元
花生高产栽培技术	5.00元
花生标准化生产技术	11.00元
花生病虫草鼠害综合防治新技术	12.00元
优质油菜高产栽培与利用	3.00元
双低油菜新品种与栽培技术	9.00元
油菜芝麻良种引种指导	5.00元
油菜农艺工培训教材	9.00元
油菜植保员培训教材	10.00元
芝麻高产技术(修订版)	3.50元
黑芝麻种植与加工利用	11.00元
花生大豆油菜芝麻施肥技术	4.50元
花生芝麻加工技术	4.80元
蓖麻高产栽培技术	2.20元
蓖麻栽培及病虫害防治	7.50元
蓖麻向日葵胡麻施肥技术	2.50元

以上图书由全国各地新华书店经销。凡向本社邮购图书或音像制品，可通过邮局汇款，在汇单“附言”栏填写所购书目，邮购图书均可享受9折优惠。购书30元(按打折后实款计算)以上的免收邮挂费，购书不足30元的按邮局资费标准收取3元挂号费，邮寄费由我社承担。邮购地址：北京市丰台区晓月中路29号，邮政编码：100072，联系人：金友，电话：(010) 83210681、83210682、83219215、83219217(传真)。

双季杂交稻高产栽培技术	3.00元
水稻农艺工培训教材	9.00元
水稻栽培技术	7.50元
水稻良种引种指导	22.00元
杂交水稻制种技术	14.00元
水稻良种高产高效栽培	13.00元
水稻旱育宽行增粒栽培技术	5.00元
水稻农艺工培训教材	12.00元
水稻病虫害防治	7.50元
水稻病虫害诊断与防治原色图谱	23.00元
水稻植保员培训教材	10.00元
香稻优质高产栽培	9.00元
黑水稻种植与加工利用	7.00元
超级稻栽培技术	9.00元
超级稻品种配套栽培技术	15.00元
北方水稻旱作栽培技术	6.50元
现代中国水稻	80.00元
玉米杂交制种实用技术问答	7.50元
玉米高产新技术(第二次修订版)	12.00元
玉米农艺工培训教材	10.00元
玉米超常早播及高产多收种植模式	6.00元
黑玉米种植与加工利用	6.00元
特种玉米优良品种与栽培技术	7.00元
特种玉米加工技术	10.00元
玉米螟综合防治技术	5.00元
玉米病害诊断与防治	11.00元
玉米甘薯谷子施肥技术	3.50元
青贮专用玉米高产栽培与青贮技术	6.00元
玉米科学施肥技术	8.00元
怎样提高玉米种植效益	10.00元
玉米良种引种指导	11.00元
玉米标准化生产技术	10.00元
玉米病虫害及防治原色图册	17.00元
玉米植保员培训教材	9.00元
小麦农艺工培训教材	8.00元
小麦标准化生产技术	10.00元
小麦良种引种指导	9.50元
小麦丰产技术(第二版)	6.90元
优质小麦高效生产与综合利用	7.00元
小麦地膜覆盖栽培技术问答	4.50元
小麦科学施肥技术	9.00元
小麦植保员培训教材	9.00元
小麦条锈病及其防治	10.00元
小麦病害防治	4.00元
小麦病虫害及防治原色图册	15.00元
麦类作物病虫害诊断与防治原色图谱	20.50元
玉米高粱谷子病虫害诊断与防治原色图谱	21.00元
黑粒高营养小麦种植与加工利用	12.00元

[70] 牛有成.北京都市型现代农业发展的思路、内涵与途径.北京日报,2007(7).

[71] 史亚军.北京都市型现代农业评价指标体系研究[M].同心出版社,2007.

[72] 杨卿.关于实现我国都市农业可持续发展的思考[J].商业时代,2008(34).

[73] 刘艳.都市农业可持续发展的实践与探索[J].农业与农村发展,2007(4).

[74] 雷德才.准确把握首都农业发展的形势和任务,充分认识发展都市型现代农业的重大意义[J].北京农业实用技术,2007(3).

[75] 孙俊华,朱米娟.都市型现代农业可持续发展模式及其体系构建[J].生态经济,2006(2).

[55] 周吉红.国外都市现代农业的实践及其启示[J].北京农业实用技术,2007(2).

[56] 李然,曾学龙.国外都市农业发展的经验借鉴及我国的政策建议[J].科技与经济,2007(2).

[57] 刘长运.国外都市现代农业发展的经验对我国的启示[J].世界地理研究,2006(6).

[58] 方志权,吴方卫.日本多功能性农业对建设我国都市农业的启示与借鉴[J].生产力研究,2007(24).

[59] 杨丹妮,俞菊生.日本都市农业的理论与政策对我国都市农业的启示[J].上海农业学报,2008(2).

[60] 王威,杨丹妮,方志权.日本多功能性农业对我国都市农业的启示[J].社会科学,2005(3).

[61] 王波.日本发展都市农业对我国的启示[J].农村经济,2005(5).

[62] 范子文.台湾的都市农业[J].中国农村经济,1997(10).

[63] 张学忙.台湾都市农业的发展[J].农村工作通讯,2008(16).

[64] 刘荣章,曾玉荣.台湾都市农业的发展及启示[J].台湾农业探索,1998(3).

[65] 甘庆华.新加坡的都市农业[J].异域观察,2007(9).

[66] 朱丕荣.新加坡都市农业[J].环球瞭望,1999(9).

[67] 安训生.发展都市农业的实践与思考[J].中国农村经济,1998(3):68-72.

[68] 柏志安.建设区域中心城市应注重发展都市农业[J].决策参考,2002(7):15-16.

[69] 曹林奎.都市农业导论[M].上海:上海农业科技出版社,1990.

[41] 闫玲,单德鑫.中国生态农业发展现状及展望[J].山西农业科学,2008(12).

[42] 贾乐芳.现代农业与生态文明[J].社会主义新农村建设理论月刊,2008(12).

[43] 周舜年,陈励颖,谢志忠,等.观光休闲农业发展的相关理论问题的探讨[J].中国农学通报,2007(12).

[44] 柯立.观光休闲农业策划的思路和方法研究[J].安徽农业科学,2008(16).

[45] 郑宜卿,郑巧彬.我国观光休闲农业的发展策略及前景展望[J].江苏技术师范学院学报,2008(7).

[46] 徐斌,杨莉勤.充分挖掘优势资源发展休闲观光农业[J].现代农业科技,2007(3).

[47] 史亚军,黄映晖,李立伟.观光农业项目与技术[M].北京:科学普及出版社,2008.

[48] 严力蛟.我国休闲观光农业的模式与发展对策[J].新农村工作研究,2007(2).

[49] 王蕙,汪卫霞,张武强.我国农业信息化问题和对策研究[J].农村经济与科技,2008(11).

[50] 石斌.加快农业信息化建设促进现代农业发展[J].产经视点,2008(11).

[51] 阳名.加快农业信息化建设的几点思考[J].宜宾科技,2008(4).

[52] 张治理,吴国新.农业信息化与我国农业经济增长方式[J].中国棉花加工,2008(6).

[53] 刘新建.我国农产品出口的现状与策略[J].中国乡村发现,2008(6).

[54] 蔡建明,杨振山.国际都市农业发展的经验及其借鉴[J].地理研究,2008(3).